笠置シヅ子物語

新井恵美子

展望社

エイ子ちゃんを抱く笠置シズ子。左より加藤嘉、望月優子、清水将夫、
山内明、宇野重吉にかこまれて（新橋「蟻屋」にて）。

当時の人気作家吉屋信子と笠置親子（「銀座三越」にて）。

病床のエノケン（左から２人目）を見舞う笠置とエイ子ちゃん。

まだ元気だったエノケン（中央）と笠置親子（「上野動物園」にて）。

デビュー間もない美空ひばり（中央）一家（右端が母の喜美枝）。

服部良一。

【写真提供】服部良一＝Wikipedia、それ以外はすべて雑誌「平凡」二十周年記念誌より転載。

笠置シヅ子物語●目次

文中、敬称は略させていただきました。

笠置シヅ子物語

第一章

出生

大正三年（一九一四）八月二十五日、旧盆も過ぎて暑さもようやく柔らぎ、涼風の吹き始める頃であった。

香川県大川郡相生村引田という所、静かな小さな村で一人の女の子が生れた。小さなやせた女の子で遠慮っぽく、産声《うぶごえ》を上げた。

誰もこの子の出生を歓迎しなかったのだ。

この子を生んだ母は谷口鳴尾と云った。父は三谷陳平である。二人はまだ結婚していなかった。

陳平の実家は村でも指折りの大地主で長屋門のある豪邸であった。鳴尾は行儀見習いとして、この家に来た。陳平の母が和裁の名人でそれを教えてもらうという心づもりもあって、三谷家に住み込んでいた。

気のまわる鳴尾は家事も手伝い、陳平の母はこの娘を気に入っていた。しかし、息子の陳平が鳴尾を好いて、二人が愛し合うようになるとがぜん、反対し始めた。

「女中なんかと良い仲になるなんて許せない」「いくらでも良い家の娘がもらえるのに」

と母の反対は激しかった。

それまで鳴尾を気に入ってあれこれ手伝わせていたのに、手の平を返したように鳴尾につらく当たるようになった。

それでも鳴尾は耐えた。陳平が好きだったのだ。心の底から好きだった。二人は心底、愛し合っていた。だから結ばれた。

そして、鳴尾は陳平の子を宿した。その事が分かったとたん、鳴尾は三谷家を追い出された。とぼとぼと荷物を抱えて、鳴尾は山を越えて、実家に戻った。

　実家に帰っても身重になった娘を親達が許す訳もなく、鳴尾は身の置き所がない。それは針のむしろであった。しかし、どこへも行くアテのない鳴尾はそのまま生み月を迎え、子を生んだ。やせた小さなその子を抱いて、鳴尾は泣いた。

　誰にも祝福されず、ひっそりと遠慮っぽく生れて来た女の子が可哀そうでならなかった。

「一体この子はどんな一生を送るのだろう。さぞかし苦労の多い一生であろう。みんなこの母のせいなのだ」

　鳴尾はその子を抱きしめて泣いた。実家の両親も怒っている。

「冗談じゃない。女中に出した訳じゃない」「娘を傷ものにされて、こっちこそ腹が立つ」と父は言う。

　田舎では結婚という手続きを踏まずに子をなす事を恥とした。誰も生れた子を可愛いがろうとしなかった。そんなわが子が可哀そうで鳴尾は泣いた。たまに陳平が親の目を盗んで、鳴尾に逢いに来る。それだけが救いだった。

やがて鳴尾の乳が出なくなった。お腹が空くのだろう。赤子はどんどんやせて行く。家族は赤子の鳴き声をうるさがった。乳の出ない鳴尾の乳房にしゃぶりついて、赤子はまた泣いた。

「いっそ、この子が死んでくれたら」

と鳴尾は思い始めていた。陳平はそんな母子をどうしてやったら良いのか分からない。

赤子には鳴尾と陳平がミツエと名付けたが母の乳が出ないので、空腹に耐えかねて、一日中泣いている。

その話を聞いた近所の亀井うめが救いの手を差しのべてくれた。大阪に嫁いでいたうめは引田の実家に出産のためにもどっていた。二番目の男の子を生んだばかりのうめにはあふれるような乳があった。

あまった乳を夜な夜なしぼって捨てているというのだ。その話を鳴尾の母が聞いて来た。

頼んで見ると、うめは二つ返事で引き受けてくれた。ミツエはうめの乳をもらうとみるみる元気になった。夜も泣かずにぐっすり眠る。

鳴尾は日に日に元気になる赤子をみつめてためいきをついた。

「私はあなたに何にも上げられない。お乳も仕合せも…」

鳴尾はからっぽの自分の胸をなでてためいきをついた。

うめのはちきれんばかりに張った胸をうらやましく見つめるのだった。

それからはミツエが乳を求めて泣くと鳴尾は赤子を抱いて、うめのもとに走った。一日に何回もそうやって走って来る鳴尾にうめは言った。

「面倒だから、この子を預《あずか》りましょう。ここに置いて行きなさい」

うめはそう言って、この子を預り、自分の子どもとかわるがわるに乳を与えた。自分の生んだ男の子とこの他人の子とが同じようにうめを見上げて、うめを見つめながら乳を飲んだ。

赤子にとって、乳をくれる人が母なのだ。

うめの家に寝泊りするようになると赤子は、みるみる元気になった。鳴尾は毎日、ミツエを見に来たが、すっかりうめになついている赤子が自分の子ではないように思えて来た。

陳平は時折やって来て、

「親がどんなに反対しても二人で暮らそう。籍もちゃんと入れて親子三人で暮らそう。自分の給料で何とかなるはずだ」

と言った。

鳴尾はうれしかった。陳平が親の意見に逆えず、優柔不断で自家の暮らしが捨てられないのを歯がゆく思っていた。

陳平は地元の名門校、旧制大川中学に進学して村では神童と呼ばれていた。同じ村の一級上には後に東京大学総長になる南原繁がいた。

南原と陳平は家が近かった事、南原が陳平の父に漢学を教わっていた事もあり、仲が良かった。南原は中学卒業後、第一高等学校に進学し、東京帝国大学に進む。

陳平も南原と同じ道を進むつもりでいたが、受験に失敗し、不本意ながら電信学校に進んだ。それだとて、当時の田舎の青年の進路としては立派なものだったが、三谷の家では不本意であった。漢学者であった父を始め、皆が失望した。

家族の失望以上に、陳平自身が落胆していた。電信学校を卒業した後も、劣等感からうつうつとしていた。

その頃だった。三谷の家に来て、住み込んで家事を手伝っていた鳴尾を見染め、恋におちた。

鳴尾の暖かなやさしい心に陳平はいやされた。しかし、三谷の家では「女中風情《ふぜい》とそんな仲になるとは…」と大反対。陳平の親は良い所から嫁をもらって陳平の格を上げたいと考えていたのだ。

鳴尾の家は確かに三谷の家ほど大家ではないが決して貧しい家ではない。親は鳴尾を女中に出したとは考えていなかった。

そんな両家の食い違い、苦悩の中で子を生んだ鳴尾に、陳平は「自分は郵便局に職を得て、自立する」と言ったのだ。

「そうして下さい。そうして下さい。私も働きます。三人で暮らしましょう。どんなに小さな家でも良いじゃありませんか」

明るい光がパアッと鳴尾の目の前に広がった。

ところが、この時、うめが思いがけない事を言った。

「あんた、この子を私にくれないか。あんじょう育てるさかい、心配せんとあんたの身を立てる事に精を出しなはれ」

うめも鳴尾の事情はよく分っていた。まだ十九にもならない鳴尾が不義の子を生んだ。親達はまだ自分の身も立てられない。

乳もないのにどうやって赤子を育てられるのか。うめはこの子の先き行きが心配でならない。

うめにはこの時出産した正雄という子の上にもう一人男の子がいた。本当は女の子が欲しかったのだ。芸事の好きなうめは女の子に芸を仕込んで見たいと思っていた。

たまたま乳を与えたこの子に情が移った。

「私に預けなさい。悪い事は言わない。あんたの身が立ったら、いつでも迎えにくれば良い。今は一応私の籍に入れておく。そうしなさい」

うめは大阪の住所を書いた書きつけを鳴尾に渡し、さっさと出立の仕度《したく》を始めた。

鳴尾は思いがけず、わが子と別れる事になったが、うめの言葉は力強かった。

「この人ならこの子をちゃんと育ててくれるだろう」

今は陳平と二人の暮らしを立てなければならない。陳平もその話を聞いて、

「それはありがたい。ボク達に子どもはまだ無理だよ。ちゃんと見込みがついたら、二人で大阪に迎えに行こう」

と言う。

うめは背中に男の子を背負い、ミツエを抱いて、大阪に向かった。

うめの夫の音吉はそんな妻を見て腰を抜かした。

「うえーっ。双子とは知らなかった」

と梅田の駅でとんきょうな声を上げた。

大阪で米・薪炭商をしている音吉、いたって気の良い男だったが、遊び事や賭事が好きな所が玉に傷だった。

ミツエはこの音吉・うめの長女として届けられた。この二人を父母として、ミツエは何一つ不自由なく育てられた。

遊び人の夫を抱えて、うめは「困ったものだ」と嘆くが、うめの

才覚で店は繁盛し、子ども達に何不自由させなかった。つまり、しっかり者のうめの力でこの家はまわっていたのだ。

ミツエが三才になると、うめは日本舞踊と三味線を習わせた。「まだ早やかろう」と音吉は言ったが、「こういう物は早い方が良いんです」とうめは頑固だ。ミツエに芸の道を教える事がうめの夢でもあった。

うめが期待した通り、ミツエは芸を身につける事が好きだった。

しかし、うめはいつ鳴尾がこの子を取りに来るかと気が気ではなかった。風の噂に、三谷陳平が死んだという事を知った。ミツエが大阪にもらわれて行って、一年も経たない時のことだ。事故であったのか。病気であったのか分からなかったが、一人になってしまった鳴尾が再婚でもしたのか。それとも一人で働いているのか、全く音沙汰はなかった。ミツエの顔を見にさえ来なかった。

うめは自分の生んだ子どもより、ミツエを大事にした。

「立派に育てるから安心せよ」

とあの時、啖呵《たんか》を切って預って来た子だ。不自由をかけまいと思っていた。

ミツエは大正十年、大阪の下福島小学校に入学した。この時、うめはミツエの名を静子に改名した。役所にも届け出た。新し物好きなうめは、その頃、女の子の名に〝子〟をつける事が流行っていたのでこの子の名も新しくしたかった。

それにミツエはうめがつけた名ではない。この子が小学校に上る年になっても鳴尾は現われない。どうやらこの子を取りもどそうと言う心配はないらしい。

「お前は今日から静子だよ。良い名じゃないか。どこぞのお嬢様のようじゃ」

うめは心から〝静子〟という名が気に入った。

「静子って好きじゃ。今日から静子じゃ」

と言って、静子もその気になった。音吉・うめを本当の両親と信じて、すくすく成長して行った。

「とうとう何も言うて来なかった」

とうめは胸をなでおろして、静子を学校に送り出した。静子は賢い子どもで学校の成績もよかった。今日も静子は「行って来まあす」と大声で叫んで学校に向かって行く。

第二章
風呂屋のスター

米や薪炭、酒を売る商売はいくらでも人手が必要だった。うめは朝から晩まで、身を粉にして働いた。夫は相変らずの怠け者で、ヒマさえあれば賭事《かけごと》に走っていた。

「あんた、しっかりしておくれやす。子ども等も大きくなって、金がかかるんだから」

とうめはなんとか音吉に仕事をさせようとするのだが、こそこそといつも音吉は逃げ出してしまう。

「困った父ちゃんやなあ」

とうめはためいきをついて、夫の分まで働かなければならなかった。静子はそんな母が可哀そうでならない。学校から飛んで帰るとうめの手伝いをした。

まだ小さいからたいした手伝いにはならなかったが、それでも炭の粉でまっ黒になりながら店の中を走りまわった。うめの手伝いが出来る事がうれしかった。

「母ちゃん、うち、〝おどり〟やめようか」

と静子は何度も言った。月謝もバカにならないのだ。おどりも三味線も好きだったが、うめの苦労を思うと甘えてはいられない。

しかし、うめは、

「ダメじゃ、やめてはダメじゃ」

と言う。

「たった一つのわての楽しみなんだ。静子が芸で身を立てる事が」

と言ってやめさせなかった。

家の商売は年々うまく行かなくなり、近所に同業の店が出来た事でとうとう行きづまった。

大正十一年、一家は商売替えをした。米屋を風呂屋に替えて、住所も下福島から中津に引越した。中津で風呂屋を始めた。

その頃、あちこち町の中に銭湯というものが出来て、評判になっていた。

古くから銭湯というものはあったが、明治になって、都市化が進むと町々で銭湯は盛んになった。それを営業する業者が現われる。公衆浴場法も出来、保健所の許認可も必要になったが、うめは中津で居抜きの店を買いとり、営業にふみ切った。

うめは夫に相談もせず、全てを一人でやりこなした。夜逃げ同然で米屋から出て来たのに、しっかり貯えは持っていた。

夫は、

「かなわんよ。うちのかみさんには」

と笑った。

風呂屋を営業し始めたうめは新し物好きの上に度胸があった。中津は大きな町だった。やりようによってはいくらでも儲けはあった。人を雇《やと》っても利益はあった。

静子は曽根崎尋常小学校に転校した。町の子は以前の学校に比べて、しゃきしゃきしていた。

うめは止む事のない向上心で少し軌道に乗ると、また別の新しい町の銭湯を買って移る。

十三《じゅうそう》に越した時は、静子も神津尋常小学校に転校する。

その後も引越しと転校をくり返えし、小学校転校四回、そのつど新しい人々に会い、新しい人間関係を持った。

その事が静子の物怖じしない、臆する事なく人とつきあえる性格を育てたと言えそうだ。

また、風呂屋の脱衣所で自己流の歌や踊りをして見せた事が評判になり、「もっとやれ、もっとやれ、いいぞ、いいぞ」とおじさんやおばさんの声援を受けて映画で見たおどりや歌を演じて見せた。

静子は自分の芸が皆を心《しん》から喜ばせている事がうれしくてならない。

「こりゃあ、大したもんだ。宝塚にも負けないよ」

と宝塚を見た事もないおじさんがほめてくれた。

脱衣所の舞台が静子の初舞台だった。そんな静子をじっと見ていた人がいた。町のはずれに小屋掛けをして、浪曲や芝居を町の人に見せていた旅芸人の親方だった。

風呂に入りに来て、静子の芸を見た親方は「この子は行ける」と見込んだ。

ちょうど子役が欲しかった所だ。静子はスカウトされて、小屋掛けの舞台に立った。芝居の要領はすぐにつかめた。親方が要求する芸を見事にやって見せた。

掘立て小屋の粗末な舞台だったが、静子には生れて始めての本当の舞台だった。観客は拍手をしてくれた。脱衣所の舞台よりは本格的だった。

しかし親方は小屋をたたんで別の土地に移って行く時が来た。うめの所に来て、親方は、

「娘をわしに預けないか。筋が良い。きっと成功する」

と言った。

うめは、

「とんでもない。この子は宝塚に入るんだよ」

と断った。

親方は「そうか。それは残念じゃ」と言って旅立って行った。

聞いていて静子は驚いた。

「宝塚？　わたしが？」

と思わず言った。

「決まってるでしょうが。あんたは宝塚に入るんだよ。そして、日

本一の芸人になるんだよ」

と当然の事のようにうめは言った。

実はうめも静子も宝塚を見た事がなかった。しかし、関西で生きている以上、宝塚の評判はいくらでも聞いている。夢のように美しい舞台で、歌も芝居も踊りも日本一だと聞いていた。静子の夢はふくらんだ。小屋掛けの舞台でもあんなにうれしかったのだ。

宝塚の舞台で歌って踊れたらどんなにうれしかろう。おまけに舞台に立てば、出演料ももらえると言う。静子が稼《かせ》げば、うめもどれ程か助かるだろう。静子はうめを楽にしてやりたい。

この頃になると、賢い静子は自分がうめの実子ではない事に気づいていた。

「また迎えに来なかったねえ」

とうめは静子が小学校を卒業する時、ホッとしたように、言った。

静子はうめの希望になっていた。

静子は静子で、自分の子どもでもない静子を自分の子以上に大事に育ててくれるうめに何とか恩返しをしたいと思っていた。うめの夢でもある宝塚に入学する事が取りあえずの恩返しかと思っていた。

昭和二年（一九二七）、南恩加島小学校を卒業すると静子は、当然のように宝塚歌劇団を受験した。筆記試験も実技も問題なくパスしたが、最後の身体検査で落とされた。

身長が低い事、やせすぎている事が理由だった。宝塚の過激な稽《けい》古《こ》に耐えられないのではないかと判断されたのだ。

宝塚の不合格を知った日、静子はすごすごと宝塚の門を出ようとすると、大劇場で公演中の「春のおどり」の歌声が聞こえて来た。あの歌声の中に入れてもらえなかった。静子にはその歌声が残酷なもののように聞こえた。

「でも泣くまい」と静子は唇《くちびる》をかんだ。

「わて、負けへんで」「絶対に負けへん」

心の中で叫んでいた。

打ちひしがれて、家に帰ると、風呂に入りに来ていた近所のおばさんが、

「知ってまっか、道頓堀《どうとんぼり》で宝塚みたいな事、やってまっせ」

といきなり静子に言った。

落ち込んでいる静子をはげますつもりだったのだろう。

「なんにも言わんのに、このおばはんなぜ分かったのかな」

そう思いながら静子は道頓堀のその場所を聞いて走り出していた。

松竹歌劇部の事務所に静子は走った。松竹創業者は白井松次郎と大谷竹次郎という双子の兄弟だった。

兄弟は阪急の小林一三が大正三年に作った宝塚少女歌劇団を大阪

でも作ろうとした。松竹は道頓堀の松竹座を本拠地に楽劇部を設立し、養成所も作った。

「清く正しく美しく」をモットーに宝塚は良家の子女の教育の場だと小林一三は言った。

松竹の方は大阪らしい大衆性を売り物にして、その人気を二分していた。

その松竹楽劇部の事務所の前で静子は叫んだ。

「わては宝塚でハネられたのが残念だんね。こうなったら意地でも道頓堀で一人前になって、なんぼ身体がちっちょうても芸に変りはないところを見せてやろう思いまんね。どんな事があっても辛抱しますさかい、先生どうかお願い申します」

静子の声は大きかった。生命がけで叫んでいた。その時、奥から音楽部長の松本四郎が出て来た。

「ようしゃべるおなごやな。そないにしゃべれるのやったら、身体もそう悪いことないやろ。よっしゃ、あしたから来てみなはれ」

と松本部長は言った。もう試験も終っていたのだ。

静子は飛び上がった。

「ほんまだっか？」

部長は笑った。

「しょうがないがな。そない言うてやらんと、あんたいつまでもいなんやろう」

入団を許されたのだ。静子はうれしかった。自分の道が開けたのだ。これでやっと母ちゃんに楽させてやれる。

「母ちゃんのために歌う」「母ちゃんのために踊る」「待ってろよぉ、母ちゃん」

丘の上から静子の家の高いエントツが見えていた。もう煙を出している。母ちゃんは今日もあのエントツの下でまっ黒になって働いている。風呂屋を何軒も変ったのは、少しでも稼ごうとうめが迷わず移ったからだ。

静子のために、静子の芸のために、うめは頼りない夫を相手にせず頑張った。

他人の自分にそこまで愛情をかけてくれるうめに、静子はどうやって答えたらいいのだろう。

「わてに出来るのは、歌って踊って芸をするだけ」

「松竹で頑張るぞぉ」

静子は丘を駆け下りて、家に向かった。

第三章
大阪松竹楽劇部

「ようしゃべるおなごやなあ」と言って静子を特別に入団させてくれた松本先生は良い人だった。自身の判断だけで静子を認め、入団を許してくれた人だった。

「そりゃあ、ええ先生やな。静子、先生の恩を忘れてはならんよ」

とうめも言った。

静子は懸命に芸の道を歩き始めた。そして松本先生の恩に応《こた》えようと頑張った。

仲間から「豆ちゃん」と呼ばれるほど、静子は小さかった。松本先生はそんな静子のために屠牛場《とぎゅうじょう》から牛の生血を瓶につめて来て飲ませてくれたりした。それでも豆ちゃんは大きくならなかった。

静子の初舞台はその年の夏の「日本新八景おどり」だった。夢の初舞台とは言いながら華厳の滝の水玉の精という小さな小さな役だった。

静子の実力はそんなものではない。静子は歯がゆかった。内心ジリジリした。しかし階級と序列のうるさい事で有名だった大阪松竹少女歌劇で認められ、役をもらう事は大変な事だった。

なかなか役がもらえない。何とかしたい。静子は考えた。急病などで穴のあいた所に入り込む事を考えた。しかし、どの人が休むか分からない。

そこで静子は全部の人の分のセリフと動きを勉強した。どの役が空いてもすぐに使ってもらえるようにしたのだ。

それだとて、誰一人舞台に穴をあけない事もあった。

しかし静子は無駄な努力をしたとは思わなかった。

「何でも勉強だ。母ちゃん待ってろよ。松本先生も待ってろよ」

と胸の中で叫んで一人努力を続けた。

「お前、アホやないか。そんな事やったって役なんて来やしない」

と仲間たちは笑った。それでも静子はその無駄な努力をやめなかった。

初舞台の水玉の精の時、風呂屋の常連のおじさんが静子の芸名を考えてくれた。学があると皆に言われていたおじさんは〝三笠静子〟と名付けてくれた。

「『三笠の山に出《いで》し月かも』と言ってな、阿倍の仲麻呂という偉い人が中国で出世したのだよ。そのため日本に帰って来られなくなっちゃってサ。懐しいふるさとを思って『天の原ふりさけ見れば春日なる三笠の山に出でし月かも』と歌ったのだよ。その三笠を静ちゃんの芸名にしたらどうかい。三笠静子だよ」

うめは自分のつけた静子の名が残ったのでうれしかった。

三笠静子は頑張った。新しい出し物が発表されると静子は全ての役の代理が出来るように努めた。無駄な時も多かった。それでも良い、自分の勉強になる。

そんな風にして、やっと少しずつ役がもらえるようになった。すると、今度は仲間からねたまれたり、憎まれたりする。身の置き所もない。

そんな苦労の日々の果て、入団して五年後の昭和七年、静子はやっと大抜擢《ばってき》される。

「春のおどり」で静子はコミカルな道化娘の役を振り当てられた。静子にぴったりの役だった。やっとこの日が来た。飛び上るような気持で静子はその役をこなした。この時とばかり、舞台を踊りまくった。それが大好評だった。踊りながら静子は手答えを感じていた。皆が喜んでくれている。なんてうれしいんだろう。これまでの苦労も吹き飛んだ気がした。

この成功が静子の劇場での成功の第一歩だった。これまでの静子の頑張りを知っているうめはこの第一歩を非常に喜んだ。

「何よりの親孝行だよ。静子はわてが思ったとおり、わての夢をかなえてくれる娘だよ」

うめは風呂屋の客達に言った。

「この脱衣所で歌って踊ってた娘が本物の舞台に立ってるよ。松竹座に出てるよ。見に行っとくれよ」

静子に三笠の名をつけたおじさんも、松竹歌劇団のことを教えてくれたおばさんも皆ゾロゾロ出かけて来た。

「全くたいしたもんだよ。あの子がねぇ」

と皆はためいきをついた。

静子はやっぱり風呂屋のスターだった。そして、この観客達が静子の最初の後援会のメンバーだった。

そんな折だった。四国の香川の引田から法事の案内が届いた。静子の知らない人の法事だった。三谷陳平・十七回忌と書かれてある。

うめは命令口調で静子に四国行きをすすめた。

「頼むから、私の代わりに行って来ておくれ」

それは有無を言わせぬ口調だった。

静子はちょうど公演の合間で休みだった。命じられた通り、引田の三谷家に向かった。

うめは親戚の法事だと言って、「私の代理だよ」と香典を持たせた。

引田はうめの実家のある所だから、静子も何回か行った事がある。

海のそばの清々した村落が静子は好きだった。三谷家は大家で、昔地主だった家柄だとうめから聞かされていた。

静子は、その日の仏が自分の実父であるとは、夢にも思わない。

十七回忌の仏の写真は若い男で少々気弱そうに見えた。

静子は客達に乞われるままに大劇で踊った「春の踊り」や「醍醐の花見」などを披露した。

「うめちゃんの娘が立派になったもんだ。そういや、うめちゃんも芸事が好きだったよなあ」などと客人が話していた。

引田のおばさん達は浄めのごちそうを食べながら、大きな声でおしゃべりをしていた。

海のそばに住む人は声が大きいのだ。聞くともなく静子は聞いていた。

そして、全てが分った。この日の仏、三谷陳平が静子の実父であることを。静子を生んだ谷口鳴尾もその席に来ていると話していた。

「あれから十七年も経つんだね。あたしらがトシを取る訳だよ」

と言って、皆笑った。

静子は自分の母と言う人がどの人かとキョロキョロしたが分からない。顔見知りのおばさんにその事をたづねると、

「もう良いだろう。ここまであんたも立派になったんだから。本当のことを知っても良いだろう」

と自分で納得しながら話してくれた。

「鳴尾ちゃんもあんたを手放すのは大変な思いだったろうよ。でもサ、仕方がなかったんだよ。うめちゃんが良い人で、わが子のように可愛いがったって言うから、あんたも仕合せだったよ」

と、実母鳴尾の事もうめの事もよく知っているおばさんは話してくれた。そして、鳴尾をさがしたがもういなかった。

静子は翌日、鳴尾の家を教えられ、たずねて行った。

うめより少し若そうな女性が小さな子どもを遊ばせながら、庭にいた。それが鳴尾だった。しかし、静子を見ても何も言わない。

「すまなかったね」「大きくなったね」「生みっ放しにしちゃって、悪かったたね」

何も言わなかったが、その人は体中で静子に話していた。「お母さん」と一言、静子も言いたかったが何も言わず、見つめ合っただけで帰って来た。

何か一言、言って欲しかったような、しかし何も言わなくともよかったような気がして、その家を出た。そこは鳴尾の実家で静子が生れた家だった。

外に出ると引田の海の波音がやさしく静子にささやいていた。静子は「母ちゃんはうめ一人」とつぶやきながら四国への旅を終えた。

「三谷さんとこは立派だったろう」とうめは言う。

「あの当りでは一番のお大尽だよ。陳平さんは中学校まで出てるのに、早く亡くなっちまってねぇ」

うめはそれとなく、静子に本当の両親の事を伝えておこうと思ったのだろう。「もう取り返しには来ないだろう」と踏《ふ》んだのだ。

陳平の十七回忌は絶好のチャンスだった。

全てを知ったであろうに、静子はうめのもとに帰って来た。

「わてが乳をくれた子じゃ。わての子じゃ」

うめは改めて安堵《あんど》するのだった。

四国行きを終えてから静子は一層芸に精を出した。

「誰にも負けない。わての舞台を作る」

昭和八年、松竹は千日前に大阪劇場を新設した。静子が所属《しょぞく》する松竹楽劇部の本拠地は道頓堀・松竹座から千日前・大劇に移った。

その矢先、静子は大きな役をもらう。

「秋の踊り」の舞踊劇「女鳴神」という舞台で、静子は小姓、采女《うぬめ》之助を演じた。主役ではなかったが、この舞台の静子が好評でトップスター十選《せん》にえらばれたのだ。

また一段上に上った。松本部長も喜んでくれた。

「わしの見込んだ通りじゃ」

と独断で入団をさせたこの小さい娘の成功を喜んでくれた。静子は十九才になっていた。十二才で入団してから七年が経っていた。

昭和十年十二月、大正天皇の第四皇子、澄《すみ》宮崇仁親王が二十才になられて、兄昭和天皇から「三笠宮」という宮号を賜り、宮家を建てられたというニュースが流れた。

三笠静子は大あわてで三笠の名を返上し笠置シヅ子と名乗る事にした。

同じ月、大劇でグランドオペラ「アベックトア」を上演する際、プログラムやポスターに笠置シヅ子の名前が記された。笠置シヅ子の誕生である。

第四章
東京へ

静子がまだ三笠姓を名乗っていた頃の事だ。昭和三年秋、松竹楽劇部が東京に進出した。松竹にとって、東京進出は悲願であった。東京での成功が当時の関西の人々の夢だった。

三笠シヅ子は西の応援組として出演するために選ばれて東京に行く事になった。生れて、始めての東京である。十四才だった。

この時、東京の養成所にいた水の江瀧《たき》子と逢った。東京の第一期生であった水の江はまだ十三才だ。水の江は北海道小樽の生れ、二才の時一家で東京に出る。目黒村（現目黒区）で男の子のようにチャンバラごっこをして育った。

姉に「浅草に連れてって上げる」と言われ知らぬ間に松竹を受験させられた。学校の勉強はあまり好きでなかったので、合格するままに入団したのだ。そんな話を水の江は始めて会ったシヅ子に話した。

二人はすぐに打ち解けた。水の江のさばさばした性格が気持よくてシヅ子はすっかり打ち解けた。二人は化粧の話などをした。

後に〝男装の麗人〟と呼ばれ、ターキーとなる人の少女の頃の話である。水の江はすでに身長も高く、スラリとしていて、垢《あか》抜けていた。

「東京はやっぱり違うねぇ」

と大阪組はためいきをついた。何を見ても「やっぱり東京やは」と始めての東京に圧倒されながら静子は大阪に帰った。

そして、

「チャンスはきっと来る。いつか来る。それまで大阪で精一杯頑張ろう。」

と心に誓うのだった。

昭和十二年、松竹は浅草国際劇場を創設してＳＳＫの本拠地とした。十月、ＯＳＳＫつまり大阪松竹少女歌劇団が上京して、「国際大阪踊り」を公演した。静子は再び上京、舞台を盛り上げた。それを見ていた東京の松竹側の役員の目にとまり、静子は翌年、松竹が創設する松竹楽劇団（ＳＧＤ）の旗揚げ公演にスカウトされた。

東京の歌劇団は始ったばかりで、力のあるスターがまだいなかったのだ。松竹は同じ頃東京に進出した宝塚を意識して、負けじと必死だった。

「踊る松竹、歌う宝塚」と対比され、ファンを二分していた。

帝国劇場でのＳＧＤの旗上げ公演「スヰング・アルバム」が開催された際、静子は専属として、出演する。昭和十三年四月二十七日から始った。

その年の春のこと、大阪を出発する日、まだ冷い風が吹いていた。東京のＳＧＤに正式に迎えられる静子を祝って、梅田駅は見送りの人で埋め尽くされた。

うめは黒紋付の羽織姿で集った人々にあいさつした。

大きな声で見送りのお礼と静子の旅立ちの感激をとうとうと述べていた。静子は「母ちゃん、もう良いってば」とうめの袖を引く。

特急つばめが入って来た。「やれやれ」と静子は乗車する。晴れがましい気持で静子はつばめの客となった。これまでも東京行きは何回かあったが、この日ほど喜びに満ちた出発はなかった。

特急つばめでさえ、当時は大阪から東京まで九時間かかった。

「東京でちゃんと出来るだろうか」「どんな暮らしが待っているのだろうか」少しうとうとしながら静子は考えていた。

日本は前年に盧溝橋事件がおこり、日中戦争は本格化していた。政府はこの事件を短期決戦としようと考え、大量の兵士を送り込む事にした。その年二十才となった青年、大正五年生れの若者四十万人が大陸に送られて行った。彼等は静子とほとんど同年生れだった。その多くの若者がまもなく桐の骨箱に入って、祖国に帰って来る。

昭和十三年には国家総動員法という法律が出来て、日本人の全てが戦争に協力し、経済統制がはかられ、戦争一色に染められて行く。静子は考えていた。そんな時代にレビューなんてものに人は心をよせてくれるだろうか。

ところがこの頃、レビューはますます隆盛をきわめているのだった。劇場はいっぱいになり、人は熱狂する。歓喜する。

暗い時代に進んで行く前の人々の気持が娯楽を求めるのだろうか。レビューは非常ににぎわっていた。

静子が上京するのは、そんなひとときの最後のきらめく舞台が待つ東京だった。

九時間はあっという間にすぎた。日暮れ近く、静子は東京駅に下り立った。劇団が用意してくれた静子の住まいは山口さんという人の二階だった。

本当に東京に来た。東京に住んで東京で活躍する。静子の夢がまた一つかなった。

ＳＧＤは静子に一ヶ月二百円の給料を払ってくれた。静子はそのうち、百五十円を大阪のうめに送った。残ったお金で山口さんに下宿代二十円を支払う。これだけで食事代もまかなわれた。残りはたった三十円。おしゃれの一つもしたかったが、静子はがまんした。

親への仕送りのために働いているようなものだが、静子はたくさん仕送りが出来る事がうれしかった。

静子の出世を知った四国の引田の人達は「うめちゃんはうまい事やった。左ウチワだってよ」と噂したそうだ。

うめは静子の成功を見据《す》えて養女にした訳ではない。ただ、この子が可愛くて仕方がなかった。この子の父と母の危っかしい生き方を見て、「とてもここには置いておけない」とさらうようにして、大阪に連れて来てしまったのだ。

その子が今、稼げるようになったからと言って「うまくやった」なんて思わない。

静子の血の出るような努力をずっと見て来たのだ。

「こんなにぎょうさん送らんでええのに」とうめは電話で言う。

「やっと稼げるようになったんや。好きなもん、買っておくれやす」と静子は言った。

うめが喜んでくれるのがうれしかった。

東京での仕事も軌道に乗って来た。笠置シヅ子の人気も上る一方だった。

そんな静子が服部良一と出会うのはそれから間もなくの事だ。静子のこれからの活躍に大きく関る作曲家の先生だ。

昭和十三年四月、帝国劇場でＳＧＤの旗上げ公演をしていた時だった。その稽古場での事だ。演出家から、服部先生に挨拶するよう言われた。

優秀な先生で音楽指揮をしてくれる人だと教えられた。

その時、服部良一は三十才。静子は二十四才だった。服部は中支芸術慰問団の旅から帰った直後だった。

第五章
服部良一

服部良一は明治四十年（一九〇七）に大阪の土人形師の父のもとで生れる。小学生の頃から音楽が好きで才能を発揮していた。それでも、当時は音楽で身を立てる事など考えられない時代だった。ましてて良一は一人息子であった。

小学校を卒業すると昼は働き、夜は夜学の商業学校に通っていた。父はこの子を商人にさせるつもりだった。良一はそんな暮しが、がまん出来なかった。昼の仕事がどうにも辛抱出来ない。とうとうやめてしまった。

好きな仕事が出来ない。良一はうつうつと日を送っていた。そんな良一を見て姉が「給料がもらえて、好きな音楽がやれる道があるよ」と言った。

それが出雲屋少年音楽隊だった。姉は良一が音楽好きでその道を進みたいと考え、今の境遇に満足していない事を知っていた。たまたま出雲屋の本家で、見習奉公していた姉がその話を持って来たのだ。出雲家の若旦那が音楽好きで、当時、各デパートが少年音楽隊を作っているのに刺激され、出雲屋でも少年音楽隊を立ち上げる事にしたのだそうだ。

良一の姉は有無《うむ》を言わせず、さっさと良一の応募の手続きをしてしまっていた。

姉は良一に待遇の説明をした。契約年数は三年ではじめの一年間は教育期間だが、その間も月十五円が支給されるというのだ。夜学通いも許されると言う。良一は考えた。三年経てば夜間の実践商業学校も終る。やっと将来というものが見えて来た。

好きな音楽をやって、給金ももらえるというのが希望だった。夜学の月謝を払ってもさらに家にいくらか入れられる。

「よし、姉ちゃん、やって見るよ」と良一は言ってから「そやけど、ぼく受かるかなあ。ぎょうさん、試験受けに来るんやろなあ」と気弱である。

姉の久枝はこの時「心配なか。あんたなら一番で入れるよ」と太《たい》鼓判《こばん》を押した。

大勢の受験生がいたが、良一は本当に一番の成績で合格した。学科試験も聴音テストもトップだった。

「ね。言ったとおりでしょ」

と姉は笑った。

「案外、ボクにも音楽の素質があるかも知れへんな」

良一は照れていた。

この時の姉の強引なすすめが良一の一生を決定する第一歩となっ

たのだ。

大正十二年九月一日、出雲少年音楽隊の入隊式が行なわれていた。その時、建物が揺《ゆ》れた。関東大震災の瞬間だった。その日の夕方の号外でその事を知らされた。

この大震災によって、たくさんの東京のミュージシャンが大阪に流れ込んで、大阪の音楽界に大きな影響を与える事になった。

そんな中で良一は自分の道をまっすぐに歩いて行った。

訓練はきびしく、休む間もない。たくさんの楽器を同時に修得《しゅうとく》しなければならなかった。しかし良一は興奮していた。街の楽器店に並んでいたサキソフォン。ガラス越しに見ていたあの楽器がいま手元にあって、いくらでも触ることが出来る。

音楽理論や楽譜の書き方など、良一は自主的に取り組んで学んだ。図書館で大音楽家の伝記なども読んだ。

つまり出雲屋少年音楽隊は良一にとって音楽学校とも言える修業

の場となったのだ。

一年の教育期間が過ぎると昇給となる。他の者は二十五円の昇給だったが、成績優秀な良一は一人だけ三十五円を支給された。好きでたまらない音楽で生きて行けるのだ。良一が自信を持った瞬間だった。

そんな矢先、世の中は大正七年に終った第一次世界大戦の戦後不景気におち込んでいた。

出雲屋も例にもれず、不況に苦しみ、まず少年音楽隊の解散から手がつけられた。

折角、軌道に乗って来た音楽隊だったが、仕方がなかった。この時、大阪の三越などデパートが持っていた少年音楽隊は全て解散となった。大正十四年の事である。

それでも出雲少年音楽隊は残された少年達と楽器を生かして「大阪プリンセス・バンド」としてあらためて発足した。

その時、救う神があらわれた。ラジオの出現である。大正十四年三月に東京放送局（ＪＯＡＫ）が開局した。大阪放送局（ＪＯＢＫ）はその三ヶ月後の開局だった。

ＢＫは早速、放送用の大阪フィルハーモニックオーケストラを結成した。その折、管楽器の奏者が不足していたので、出雲の「大阪プリンセスバンド」に声をかけて来た。

テストのような形でメンバーが呼ばれたが、良一だけが採用になった。

オーケストラの中で演奏《えんそう》が出来るのだ。良一は大阪フィルハーモニーに正式に入団し六十円の月給が保証される事になった。

しかし、父親はずっと良一の音楽活動を認めず、「ラッパなんて吹いてる者は河原乞食と言われるんだ。そんなものより魚屋を手伝え」と言った。

その頃、父親は土人形作りをやめて、魚屋を開業していた。

しかし、給料六十円と聞くと「学士さまよりええ給金じゃ」と心を動かした。その頃、大学出の初任給は四十五円で人々のあこがれの的だったのだ。

しかし、大阪フィルハーモニーが良一に贈ってくれたのは給料六十円以上のものがあった。メッテル先生との出会いである。

ウクライナ生れのメッテルは当時、指揮者として、ロシアでは第一人者であった。一九一七年のロシア革命によって、国を追われ、亡命先のハルピンで管弦楽団を東洋一に育て上げ、名を上げた人だった。

そのメッテルが大阪フィルハーモニーに招請されたのだ。メッテルの夫人は有名なバレリーナでワルシャワバレー団のプリマドンナだった。そのオソフスカヤ夫人も共に来日、宝塚歌劇団の舞踊教師をしていた。

大阪フィルハーモニーの指揮者になったメッテルが良一達の前に

立った。入団したばかりだった良一は練習の時、自分のパートをこなすだけでなく、譜面《ふめん》台の横に総譜を置いて、オーケストラ全体の進行に注意を払った。

そんなある日、良一はメッテル先生の部屋に呼び出された。何かまずい事をして叱られるのかと思って、小さくなっている良一に先生は、

「練習の時、君はいつも総譜まで用意して勉強している。なかなか感心だ。音楽でも何でも勉強が第一である。君たちは将来の日本の音楽を担《にな》うんだ。しっかり、やりたまえ」

と言った。通訳の人がメッテル先生の言葉を伝えてくれたのだ。

良一は思わず言った。

「ありがとうございます。しっかりやります」と。

メッテル先生が良一を認めてくれたのだ。その上、一週間に一回、先生の自宅で直接先生のレッスンを受けられるようになった。夢で

はないかと良一は思った。

　これまで図書館で独学で音楽理論や和声楽などを勉強していたが、メッテル先生は対位法や管弦楽法、指揮法などを良一に与えようとした。

　メッテルはリムステー・コルサコフから学んだ学説を良一にさずけようというのだ。そのような巨匠の教えを一楽員の名もない青年に全力で伝えようとしてくれている。良一が戸まどい、まごついているとすかさず先生は言う。

「アナタ、ドウシテワカラナイノ。アタマスコシバカネ」

　講義の内容を書きとめようとすると、「ノートダメ。アタマ、アタマ」と言われる。トイレに行く間もない緊張《きんちょう》のレッスンだった。メッテル先生の講義は厳《きび》しかった。

　しかも宿題が山のように出る。良一はその頃、夜はダンスホールのバンドで働き始めていた。時間がない。「頭が痛くて練習問題出来ませんでした」と仮病を使うと、すぐに見破られた。「それは大変だ。すぐ大学病院に行って診てもらいなさい」と大まじめで先生は言う。

メッテル先生はその頃、京都帝国大学の音楽部の指揮者として、指導に当たっていた。後に世界的指揮者になる朝比奈隆も京大生でメッテル先生の家で個人レッスンを受けるようになった。

先生は良一を鼓舞《こぶ》する時「アサヒナサン、ヨイシキシャニナリマス。アナタ、ナマケテハイケマセン」と言った。

ところが先生は朝比奈さんには「ハットリサン、ヨクベンキョウシマス。アナタダメ」と叱ったそうだ。

二人は後にこの話を聞いて笑い合った。

メッテル先生は東京でも新交響団を指揮した。良一は日本の音楽界の父と呼ばれるにふさわしい人物だと思っていた。

ところが日中戦争たけなわとなる頃、メッテル先生の身に思わぬ事が起こるのだ。

そんな時が来る前、良一は大阪でうつうつとしていた。

自分の能力を生かす場所がないのだった。軽音楽の本場は東京に移ってしまっていたのだ。

あれほど輝やいていた大阪ジャズの時代は終っていた。

ジャズシンガーの草分けであるディック・ミネも来るたび言った。

「東京に出て来いよ。君の才能を伸ばすんなら こんな所にいたらダメだ」と言う。

大阪では良一の力の発揮が出来ないのだ。サキソフォンの出来る良一は道頓堀のカフェーでも引く手あまただったし、タイヘイレコードの専属作曲家として採用され、仕事はある。しかしここでの仕事は東京で流行っている歌謡曲とそっくりの亜流作品をコピーするという情けないものだった。

「大阪にいて二流のミュージシャンで一生を終るのか。自分の実力はそんなものではないはずだ」

と良一は悩んだ。

良一の仲間はいち早く東京に出て、ジャズ界で活躍していた。彼らは良一に再三再四、「東京に出て来い。住む所も仕事もあるから、身一つで出て来い」と言って来る。

良一の東京への夢はふくらんでいた。

しかし両親が簡単に良一の東京行きを許すはずもなく、どうしたものかと思いあぐねていた。

その時、思わぬ救いの手がのびてきた。十才年下の妹の富子が言った。

「兄ちゃん、東京へ行きな。行って日本一の作曲家になんなはれ」

富子は小さい時から歌手志望で宝塚劇場で修業中だった。

「兄ちゃん、立派な作曲家になって、私を歌手にして」

と無邪気に言う。

「そやかてなあ」と良一は口ごもる。

「わかってます。家の事でしょう。お母さんなんか、これ聞いたら泣き出して気絶してしまうかも知れへんね」と言ってから「大丈夫、家の事は姉ちゃん達と一緒に見るから安心して東京へ行きなはれ」

幼い幼いと思っていた妹の力強い後押しだった。そして、富子は言う。

「ぎりぎりまで内緒にしておいた方がええ。親戚中が大騒ぎして話はワヤになってしまう」

と知恵を出してくれた。東京の住いも用意できたと言う。

これでようやく全てが整った。出発の前日嫁いでいた姉達も帰って来て、門出の宴が開かれた席で良一の出発の発表がされた。

両親はグーの音《ね》も出なかった。

翌朝、昭和八年八月二十六日、駅へは妹の富子だけが送ってくれた。この時、良一、二十七才、富子十七才だった。

東京に出た良一は友人の菊地の家の二階に住み始めた。仕事は菊地がリーダーをしていたダンスホール「ユニオン」で、サックス吹きとして雇われた。月給は百二十円。大阪の実家に仕送りも出来た。そうこうするうち、バンドのメンバー達に懇望《こんもう》されて、ハーモニーのレッスン、勉強会を始めた。

これはメッテル先生の教えだった。「習ったことは、全部人に教えなさい。オシエルコトハアナタノベンキョウニナリマス」

勉強会は三十人にふくれ上った。良一は自分のためだと思うので月謝はとらなかった。

後に皆に強く言われて、五円の月謝をとるようになった。会の名を響友会《きょうゆう》として五年も続いたのだった。メッテル先生がしたように宿題も出した。時には良一にも答えられない質問を持って来る者もいた。

そんな時は良一は夜行に飛び乗り、神戸にいる先生の所に聞きに行った。先生も夫人も良一が来た事を喜んでくれた。

「本当に教えるという事は自分の勉強になる」と思うのだった。

昭和九年、良一はニットーレコードと契約して、音楽監督となる。

翌年、良一は生涯の伴侶となる万里子に出逢う。

ちょうどその頃、コロムビアレコードから移籍の打診があった。コロムビアは外資系でなんと言っても一流である。

良一は移籍を決意した。万里子との結婚式の費用を前借りするのが条件だった。結婚式は響友会のメンバーが楽器を持って集合した。帝国ホテル始って以来と言われるほど豪勢な音楽結婚式となった。

コロムビアに移る前、良一は『朝の紅茶を召し上がれ』という日東紅茶のPR用のレコードを吹き込んでいた。女性のリズム・コーラスをバックにした一曲であった。このレコードをコロムビアのボスのエドワードに送ると、いたく気に入ってくれた。良一はこういうジャズコーラス風な曲が作りたいとアピールしたのだ。

しかし世の中で流行っていたのは古賀政男の「影を慕いて」のようなメロディーで古賀の全盛時代であった。

そういう傾向に反発して、良一は「おしゃれ娘」のような曲を作って、淡谷のり子に歌わせた。続いて「東京日記」「月に踊る」などジャズコーラスものを出したが、売れ行きははかばかしくなかった。ヒット曲にならないのだ。

レコード会社の作曲家、作詞家はヒットを飛ばさなくてはならない。良一は焦り始めた。

コロムビアの作詞家の藤浦洸も同じように焦っていた。

そんな折、良一は横浜の本牧界隈《かいわい》をさまよってみた。港に面した小高い丘の上にキャブ屋と呼ばれる外国船の船乗《ふなの》りを相手とするあいまい宿が物哀しく並んでいた。良一は一軒のバーで、シャンソンの「暗い日曜日」を聞いた。歌っているのは淡谷のり子だった。

「そうだ、淡谷のり子に歌わそう」とまだ生まれてもいない曲の歌い手をイメージした。

　暗くて重い港町の風景の中で確かな曲想を得たのだ。

　翌月、会社で藤浦洸をつかまえて、良一は二円五十銭を出して言った。「これであなたも本牧に行って詩をつかんで来て欲しい」と依頼した。

　本牧から帰った藤浦は「窓を開ければ、港が見える。メリケン波止場の灯が見える」と書いた。

　しかし、淡谷のり子は「自分はソプラノ歌手でこんな低い歌は歌えない」と難色《なんしょく》を示した。

「ブルースにソプラノもアルトもない。魂の歌なんだ」と良一は言った。

　淡谷のり子の一家の倒産や母と東京に出て来たこれまでの苦難などを知っていた良一は、

「君の味わった人生の哀しみ苦しみを歌って欲しいのだ」

と説得した。

「ブルースは哀しみの歌なんだ」と良一に言われて淡谷は歌った。素晴しいものとなった。レコードが完成して会社の幹部に聞かせたが、誰も良い顔をしない。

「本牧ブルース」が「別れのブルース」として売り出された年、昭和十二年七月七日、北京郊外の盧溝橋で、日本軍と中国軍の衝突《しょうとつ》がおこり、日中戦争が始っていた。国を挙げて戦いに向かおうとする時、ブルースはないだろう、と幹部達は反対した。時局に合わないと言うのだ。

それでも良一達は幹部達を説得し続け、ようやくレコードは発売された。しかし、売り上げはさっぱりだった。良一と藤浦はくさっていた。幹部達は「それ見ろ」と言う。

ところが思わぬ救いの手が差しのべられた。

満州から帰った人々が「向うで『別れのブルース』が大流行だ」

と口々に伝えてくれた。「日本軍の兵隊たちも歌っている」との情報もあった。

外地で火がついた「別れのブルース」は逆輸入する形で、日本本土でもブームに火がつく。

明日をも知れぬ暗い時代、誰もが先行きへの不安を抱いていて、その心が「別れのブルース」に魅かれたのだった。十七万枚のヒットを記録して、良一も藤浦もコロムビアで安泰の地位を保つ事が出来た。と同時に淡谷のり子の名声も一気に高まった。

続いて「雨のブルース」を良一は作り、これもヒットした。淡谷は「ブルースの女王」と呼ばれるようになった。田舎の町に公演に行った際、「ズロースの女王、来たる」と書かれていたという笑い話もあった。

昭和十三年、中支へ芸術慰問団が派遣される話があった。良一は自分の目で中国を見たいと思っていた。慰問団に加わりたいと申し出ると「作曲家は予定していない」とにべもない返事だった。良一はサキソフォン奏者として、同行を許された。

中支慰問団の一行は歌手の松原操、松平晃、赤坂小梅、伊藤久男、川端文子、渡辺はま子らの他にリーガル千太・万吉等お笑いのメンバーと伴奏陣だった。

女性歌手が多かったのは兵士達が女性の声に飢えていたからだろうか。

こんな事もあった。兵隊の待つ会場に急いでいる時だった。一人の士官が「すまんですが、女性の方は向うを歩いて頂きたい」と言った。「なぜ?」と質問すると「風上を歩いて頂き、兵隊たちに日本女性の香りを満喫させてやりたいのだ」との事だった。

女性歌手達は涙をにじませて、兵隊達の希望通り小高いクリークの堤をしゃなりしゃなりと歩いた。

女性達の香りと共に女性の歌声も兵隊の荒《すさ》ぶ気持をなぐさめるも

のであったろう。慰問団に女性歌手が多いのもうなずけた。

良一は大陸の風景をもの珍しくながめながら旅をした。上海の街の異国情緒や杭州のクリークの流れなどが良一を刺激して、名曲「蘇州《そしゅう》夜曲」や「上海みやげ」「中支の印象」などの曲想を得たのだった。

「やっぱり現地に立って見ないとダメだ」

良一にとってこの旅は価値あるものだった。

良一が東京にもどるとニュースが待っていた。

松竹がこんど東京と大阪の少女歌劇を一本化する事になった。そのこけら落しの公演を帝劇で打ち上げるのだが、指揮者として、服部良一が指名されたというのだ。

時間がない。服部の帰国が待たれていたのだった。この混成チーム一座の花形が笠置シヅ子であると言う。

「笠置シヅ子に会って下さい」と担当者は言った。

「あっ、来ました。笠置シヅ子さんです」と言われて、良一は見た。薬ビンをぶら下げて、トラホーム痛《や》みのように目をショボショボさせてやって来る小柄な女性だった。

「笠置シヅ子だす。よろしゅう頼んまっせ」とあいさつをする。裏《うら》町の子守女か、出前持ちの女のようだ。

これが噂の花形スターかと良一はがっかりした。しかし「頼んまっせ」と言う言葉は懐しい。良一のふるさとの言葉だった。

がっかりしたのだが、その夜の舞台稽古《げいこ》で笠置の舞台を見て、良一は目を見張った。

ジャズのリズムに乗って、飛び出して来た笠置は舞台いっぱいを使って、歌って踊る。始めてなのに良一の指揮とぴったり合う。

まつげにはみごとなつけまつげを付けている。「オドッレ　踊れ」と言いながら、激しく歌い踊る。これが、さっきのトラホームみたいな目をした女の子かと良一はあきれながら、彼女の舞台に魅せられていた。

これが、シヅ子と服部の出会いであった。昭和十三年四月、三十才の服部良一と二十四才の笠置シヅ子の出会いだったのだ。

この二人がずっと後、びっくりするような事をしでかすのだが、それはまだ誰も知らない。

第六章

敵性歌手

こうして、服部良一と笠置シヅ子は出会い、そして意気投合し、黄金時代をきずいて行くはずだった。良一は自分のジャズへの理想を舞台の上で表現してくれるこの小柄な女性を大切に思い、笠置は自分の舞台を誰よりも高く買ってくれる良一になついた。

ＳＤＧ七月公演「スィート・ライフ」の舞台稽古《げいこ》から二人の師弟関係は始った。

二十四才の笠置シヅ子はＯＳＫから松竹楽劇団（ＳＤＧ）に迎えられ、スヰングの女王の名をほしいままにした。そして、押しも押されもせぬショーガールに成長していった。

シヅ子は舞台が好きだった。服部の言うように、シヅ子ほどジャズが分かり、彼女ほど舞台でジャズを表現してくれる人はいない。得がたいスターだった。

田舎娘で音楽理論も何も知らない。しかし評論家の双葉十三郎は「グリーン・シャドウ」の「ラッパと娘」を歌う笠置を見て、「これほどのスヰング歌手がいるだろうか。笠置シヅ子に及ぶものはないであろう」と書いてくれた。

シヅ子はその時から「スヰングの女王」と呼ばれるようになった。自分の歌を喜んでくれる人々のために一生懸命歌い、舞台を動きまわるだけなのにと、シヅ子はこそばゆい。

服部はシヅ子にジャズが何であるのか。音楽の本質とは何かをていねいに教えてくれた。服部のレッスンは厳しかったがシヅ子は頑張った。そんなシヅ子を服部はコロムビアの専属歌手にさせた。二人の黄金時代が続くはずだった。

昭和十四年の事だ。服部良一にとって哀しい事があった。あのメッテル先生が日本を追われる事になったのだ。

日中戦争たけなわの頃、メッテルは大阪放送局で楽団の指導を行っていた。いつものようにメッテルは一人の楽団員に言った。「アナタドウシテ、マチガイバカリスルカ。アタマ、スコシバカネ」と。するとその楽団員は「よくも日本男子を侮辱《ぶじょく》したな。覚えてろ」と言って去って行った。その男の身内に軍部の高官がいたとの事で、メッテルは不良外人という烙印《らくいん》を押され、国外退去を命じられてしまったのだ。

服部達メッテルの愛弟子が努力して見たが、軍部の力にはどうにもならなかった。

この年の秋、十月五日のことだ。メッテル夫妻は横浜港から貨客船「小牧丸」でアメリカに旅立った。

服部達は見送りに来ていた。メッテルは服部の顔を見ると「ハットリサン、イツデモ、アタマアタマ。ナマケモノダメ。ベンキョウシテクダサイ」と言ってくれた。

ドラが鳴った。タラップを上ってから先生は「ハットリサン、テンポ、テンポ」と言って、ハンカチで三拍子を振っている。

二年後、昭和十六年夏、メッテルは、アメリカで逝去する。六十才の生涯であった。

メッテルは四年間の厳しい、有意義な個人レッスンをしてくれた服部良一にとって、忘れられない先生だった。

メッテルが日本を去る頃、シヅ子にも哀しい事があった。養母うめの病気である。胃ガンであると言う。その頃はガンは死に至る病《やまい》であるから病人本人には隠すのが常識だったが、うめはなぜか、自分の病気を知っていた。

「もうガンだからおしまいや」と事もなげに言った。

シヅ子は飛んで行きたかったが、どうにも時間が取れない。「行きたいのに行かれない」と手紙で侘《わ》びた。

うめからは電話が来た。「何を言っとる。あんたは芸が一番大事じゃ。わての事なんて気にしないで気張っておくれやす。それが静子のわてへの恩返しじゃ。」と言う。

「良い時も悪い事もあるやろ。この戦争だってわけなく終る。頑張れ静子。わてが乳をくれた大事な娘じゃ」

勢いの良い電話だった。こんなに元気に話せるのだから、大丈夫かも知れない。しかしうめは心臓病も持っていたのだ。

間もなく、うめの死が伝えられた。それにさえ、シヅ子は行けなかった。自分の作った楽団と自分の身を何とかせねばならない。

二年後、ついに日本は英米との対戦に突入する。敵性歌手笠置シヅ子の苦難の日が続いていた。

「母ちゃん、許しとくれ」シヅ子は心の中でうめに叫んでいた。

それからしばらくして、大阪の養父、音吉が上京して来た。息子は戦争に行き、女房のうめが死んでしまうと音吉はひとりになってしまう。

頼れるのは養女の静子だけだ。

音吉を東京駅で出迎えた静子は音吉が年を取っているのに驚いた。まだ六十才のはずだがすっかり老け込んでいた。

大きな声で「静子ゥ、静子ゥ」と叫んでいる音吉が可愛いかった。よほど心細かったのだろう。

その日から音吉は三軒茶屋のシヅ子の借家に引き取られた。

敵性歌手とされ、不本意な地獄の日々を生きていたシヅ子にとって、音吉ののんきな行動は心なごむものであった。

「父ちゃん、しっかりしておくれやす」とシヅ子は音吉を叱ったり、なだめたりして東京の暮らしに慣れさせようとした。

音吉は確かにお荷物ではあったが、シヅ子の孤独をなぐさめてくれる人でもあった。

第七章
戦下の恋

昭和十八年の梅雨の頃の事だ。シヅ子は名古屋にいた。名古屋の太陽館という小さな劇場で公演をしていた。

ちょうど近くの御園座で辰巳《たつみ》柳太郎《りゅうたろう》が公演中だった。静子は辰巳と知り合いだったから彼の楽屋にあいさつに行った。

辰巳にあいさつをして、少しばかり世間話をして帰ろうとする時だった。そばに一人の青年が立っていた。実に美しい青年だった。眉目秀麗な青年だった。

「何とステキな人だろう」とシヅ子は歩けなくなるほど興奮してしまった。

青年は静子に一枚の名刺を渡した。名刺には早稲田大学、吉本頴《えい》右《すけ》と記されていた。

なんと吉本興業の御曹司なのだ。

そんな日から数日して、太陽館で公演中のシヅ子の楽屋をたづねて来た者があった。吉本頴右だった。頴右と吉本興業の名古屋主任も一緒だった。しかしシヅ子は頴右しか見えなかった。

頴右は昔からシヅ子のファンだったと言う。シヅ子の舞台を皆見ていた。「逢えてうれしい」と彼は言った。シヅ子は天にも昇る気持だった。

この時、頴右は「明日、大阪の実家に帰る」と言った。シヅ子はごく自然に「わても明日、名古屋を発って神戸の相生座に行くから、一緒に乗りまほか」と言った。

その時、頴右は二十才で静子はもう二十九才だった。

二人は名古屋の駅で会った。すぐに息気投合し、思い切り話した。

楽しかった。頴右は大阪をとばして神戸までシヅ子を送ってくれて、大阪にもどって行った。そんな事さえ、うれしかった。

話し切れないので、三軒茶屋に遊びに来て欲しいとシヅ子は言って、住所を教えた。

もう二人は恋に落ちていた。この小さな旅が二人を急速に近づけてくれた。東京にもどってからも頴右は三軒茶屋のシヅ子の家に遊びに来た。音吉とも親しくなって三人で夕餉をかこむ事もあった。

昭和十八年の夏はシヅ子には仕合せの日々だった。頴右との恋が始った日々、九才年下の彼とは姉と弟のような関係だった。それがいつの間にか男女の仲となる。

頴右の市ヶ谷の吉本家の別宅にシヅ子が遊びに行く日もあった。

二人の気持は燃え上った。

「これが恋というものか」とシヅ子は胸を熱くした。これまで恋の歌も恋の芝居も何回もやって来たのに、実際の自分の恋は始めてだった。

頴右はやさしく、紳士的でシヅ子を心から愛してくれた。

「人を愛して、愛される仕合せ」をシヅ子は生れて始めて、かみしめていた。

この年、日本軍はサイパンでの米軍との戦いに破れ、サイパンを占領されると、日本本土への空襲を可能にした。深刻な戦いの曲り角であったが、当時の国民への報道は「サイパン玉砕」とのみ伝えられたので、ほとんどの人は戦局の深刻化については考えなかった。

やがて空襲が始まり、東京にいても生命の危機が始ったのだ。そんな不穏な時代の中で、シヅ子達は恋に落ちていた。

頴右はこの年、喀血をした。結核だった。それ故に兵役をまぬがれ、学徒出陣にも行かずに済んだ事はありがたかった。

病もそれほど深刻には思えなかった。二人はしばらくの仕合せの日々を送っていた。

シヅ子は相変らず地方まわりや工場慰問などというつまらない仕事も手を抜かずにこなしていた。

昭和二十年三月十日、東京大空襲。下町一体が爆撃され、一夜に十万人が死亡するという大惨事となった。

この時被災をまぬがれた山手方面だったが、五月二十四日未明から二十五日にかけて爆撃される。

シヅ子は京都花月で公演中だったため無事だった。しかし三軒茶屋の家は丸焼けになり財産、全てを失った。

幸い音吉は近所の人に助けられ無事だった。しかしその後「東京はこええ所だ」と言って大阪に帰ってしまった。

この空襲で市ヶ谷の吉本家も焼失してしまう。頴右もシヅ子も住む所を失った。この苦境を知った吉本興業常務で東京支社長の林弘高は二人に林家の隣家のフランス人宅を世話してくれた。

仮住いであったが、この家で二人は始めて二人だけの生活をした。

東京中が焼けて、物質も困窮し、餓死者も後をたたないというのに、シヅ子と頴右は新婚生活のような日々を送っていた。

頴右は大学を中退して、吉本興業東京支社で働き始めた。シヅ子にばかり頼ってはいられなかったのだ。

「ちゃんと籍を入れよう。結婚しよう」頴右は大阪の実家にその事を報告すると、実家の母せいは大反対である。

年令が離れすぎている事、相手が芸人である事などが反対の理由だった。

せいは一代で吉本興業をおこした実力者であったが、夫を亡くし、子ども達も早死して、頴右一人が心の支えだった。

それ故にせいの反対はすさまじかった。二人は籍を入れられない。結婚出来ない。それどころか、二人で暮らしている事も反対され、東京の吉本の連中が二人を別居させてしまう。それでも頴右は「がんばろう」と言って、新しい仕事に励んでいた。

そして、二度目の喀血をし、床につくようになった。

やがて日本国は終戦の日を迎える。天皇の玉音放送を人々は涙で聞いたが一人シヅ子は喜んでいた。やっと敵性歌手から卒業出来る。シヅ子の時代が来たのだ。しかし、この日から、日本は占領軍に統治され、言論、出版、映画、舞台、レコードなど全てがＧＨＱの許可がなければ動けない。新しい言論統制はこれはこれで厄介であったが、シヅ子達にはようやく夜明けが来た思いだった。

頴右との生活を守るためにも、シヅ子は遊んではいられない。

有楽町の日劇はたびたびの空襲にも耐えて、米軍の接収もまぬがれ、悠然と立っていた。そして昭和二十年秋、日劇再開第一回公演「ハイライトショー」が打ち上げられた。

声をかけられシヅ子は張り切って出演した。

横断幕《おうだんまく》には「ハイライトショー」「灰田勝彦　轟夕起子　笠置シヅ子　岸井明」と書かれてあった。

この看板を見て通った一人の男があった。服部良一である。上海から引揚げ船で服部はもどって来た。服部は前年中国大陸に陸軍報道班員として、三度目の従軍。戦地慰問の旅を行っていた。慰問団には渡辺はま子、服部富子等と一緒だった。

その旅の途中で敗戦を知らされる。一夜にして、敗残兵となり捕虜の扱いとなる。

それでも軍部に関係なかったので一番早く帰国が許された。引揚船の着いた鹿児島で、握り飯と金一千円を支給され、貨車につみ込まれて東京に向かった。無蓋車《むがいしゃ》から見える日本の町はどこも無残に焼け尽くされていて、気持は暗くなる。

自分の家は、家族は無事だろうか。服部は心配していた。

品川に着いたのは翌日の夕方だった。懐しい日劇の前を通った。焼け残った日劇の「ハイライトショー」の看板を見たのだ。笠置の名もあった。戦時中日かげに追いやられていた人達の名をそこに見た。すぐにも楽屋に飛び込んで喜び合いたかったが、家族の安否が気になっていた。一刻も早く家族の顔が見たかったので、日劇の前を素通りした。

焼け野原の吉祥寺の町を抜けて行くと懐しい我が家は焼け残っていた。家族は全員無事であると分かると服部はへなへなと座り込んで立てなくなってしまった。

翌日、妻につきそわれて、改めて日劇に向かい懐しい人々と再会を果した。笠置は泣いて喜んでいた。

「先生がご無事で帰って来られた。私の戦後も始まる」

服部も「やるぞお。やるぞお。やっと自由になったんだ。何を言ってもいいんだ」と胸の中で叫んでいた。服部良一、三十八才の秋だった。

一方、戦下で恋の花を咲かせていたシヅ子と頴右は大阪の吉本せいの差し図だったのだろう、二人で暮らす事を禁じられてしまう。

二人だけのささやかな暮らしは本当にわずかだった。

吉本せいの命令は強く、誰も逆えない。恋する二人は泣く泣く別居させられてしまう。

翌二十二年二月の日劇は「ジャズ・カルメン」で服部の会心の作だった。名作オペラをジャズミュージカル化するというアイデアを服部は戦中から考えていた。もちろん主役カルメンは笠置シヅ子である。

シヅ子は天に昇るほどうれしかった。

頴右にシヅ子は言った。

「聞いとくなはれ。やっと役をもらいましたんや。頑張りまっせ。頴右はん、見てておくれやす」

頴右は喜んでくれて、「うん、うん」とうなづいていた。

その頃だった。シヅ子のマネージャーの山内がシヅ子達二人を箱根の旅にさそってくれた。二人だけでなく山内が同行するならとせいが許してくれたのだろうか。

シヅ子はうれしかった。頴右と旅が出来るなんて夢のようだった。

シヅ子の妊娠が分かるのはその後だった。愛する人の子を宿す。

何という仕合せな事か。

シヅ子は仕合せだった。頴右は「早く籍を入れたい」と焦っていた。しかし大阪に籍がある頴右はどうにもならない。

「ちゃんと結婚して、三人で暮らそう」と頴右は言った。

「そう出来るとうれしいネ。わてもこの『カルメン』が終ったら引退しますわ。いい家庭を作りまほな」

二人は夢を語り合った。それにしても家がない。シヅ子は家が欲しいと心から思っていた。同居の出来ない二人は夜遅くまで語り合った。二人の夢を語り合った。

やがてシヅ子は「カルメン」の舞台稽古が始まる。

しかし頴右の結核は悪化して行く。ついに大阪西宮にもどって療養する事になった。

　東京駅で顯右を見送るシヅ子は明るかった。

「ちゃんと病気をなおして、帰って来てネ。赤ちゃんと待ってるさかい」

　彼が元気になって帰って来たら、赤ちゃんと三人の家庭が持てるのだ。三人の家もつくろう。はればれと静子は顯右を見送った。

　服部の作曲による「カルメン」は素晴しい舞台だった。シヅ子も長いブランクがあったのに踊りも歌もみごとにこなしている。

　衣食住に事欠く終戦直後の人々が娯楽を求めて、見に来てくれた。大入りである。

　衣食住に事欠いても人は楽しみたい。

　シヅ子のお腹はどんどん大きくなったがおかまいなく、舞台を踊りまくっていた。

　シヅ子のおめでたに気づいた報道関係者は、「カルメン妊娠す」

と記事を書いた。

「腹ボテ・カルメン」と書きたてる者もいた。

おかまいなくシヅ子は出産日ぎりぎりまで舞台を下りなかった。

この舞台を最後に引退するつもりだった。そして、家庭に入る予定だった。

いよいよ出産の日が迫り、目黒の産院に入院した。五月のみどりが美しい頃だった。

「頴右さん、もうすぐだっせ。二人の子どもがやって来ますんや」

とシヅ子は心楽しく出産を待っていた。

そんな時だった。一通の電報が届く。

それは頴右の急死を知らせるものだった。

二十四才の頴右はわが子の顔も見ずに逝ってしまった。頴右の手紙は二、三日前に来たもので「安心して赤ちゃんを生んで下さい。必ず自分の子として届けます」と書かれてあった。死の予感は全くなかった。

五月十九日、頴右は死んでしまった。子どもが生れるわずか三日前だった。なぜ待てなかったのか。シヅ子は泣いた。

そこへ、吉本家の使用人が大阪からやって来た。「男の子だったら頴造、女の子だったらエイ子と名づけて欲しい。これがご遺言だす」と言った。

続いて、頴右がシヅ子に残した三万円入った預金通帳と印鑑を渡された。頴右が生まれて来る子どものために残したものだった。

「頴右さん、確かにあなたのお心を頂きましたよ。生れて来る子どもをあなたの形身としてちゃんと育てて行きます。安心しておくれやす」

そう言ってシヅ子は雄々しく出産に立ち向かった。だれ一人、つきそう者はいない。シヅ子は頴右が着ていた浴衣を持って来てもらって、それを抱きしめて出産に耐えた。三十才を過ぎての出産は難しいと当時言われたが静子はなんなく、元気な女の子を生んだ。エイ子誕生である。

シヅ子はエイ子にあやまらなければならない事があった。頴右とシヅ子は内縁のままだった。頴右はその事を最後まで案じていた。生れて来る子をまず認知して、シヅ子と正式に結婚して籍を入れるつもりだった。

それが出来ないうちに頴右は逝ってしまった。「エイ子を私生児にしてしまった」とシヅ子は悔いた。あの世の頴右も悔いているだろう。

しかし、出産を終えたシヅ子のもとへは服部良一夫妻、頴右の叔父の林正之助や吉本興業の常務林弘高などがお祝いにやって来る。病室はにぎやかになりシヅ子を喜ばせた。

「エイ子、寂しくないネ。私達……」

シヅ子は自分自身も望まれぬ結婚で生れ、早くに父を亡くした。

「何ちゅう親子かいな。頑張ろうネ」

その後、吉本興業の母せいも初孫を得た事を喜び、シヅ子を迎え入れるような気持になっていた。

せいにとって、愛してやまなかった頴右の死は辛く、せめて息子の忘れ形見エイ子の存在はなぐさめとなるのだった。

エイ子を引きとろうと言って来た。叔父の林弘高も預ろうと言ってくれた。芸能生活をするシヅ子に赤ん坊は育てられないだろうと言うのだ。

シヅ子は全てを断った。自分で育てる。頴右さんの分まで愛情をそそいで、この子を育てよう。誰にも渡さぬ。

第八章
東京ブギウギ

「自分の手でエイ子を育てる」と決心するとシヅ子は雄々しく立ち上った。「カルメン」を最後に家庭に入るつもりだったが、頴右が死んで状況は変った。

シヅ子はエイ子と共に自分の力で生きて行かねばならない。エイ子と二人、戦争直後の混乱の日を生きて行くのだ。

シヅ子は楽屋にエイ子連れて来て、舞台の合間に飛んで来て、オッパイをやったりあやしたりして、また舞台に飛び出していく。

そんなシヅ子を服部は見ていた。

「大変だ。何とか助けてやりたい」と強く思った。

シヅ子は口を開けば、「せんせ、たのまっせ」と言った。「何とかしてやらなければ」と深く考えていた。

この可哀想な女を救うことは、敗戦によって打ちひしがれて、自信を失っている日本人をはげます事になるにちがいない」と服部は考えていた。

この頃の自分の思いを服部は自伝にこう書いている。

「ぼくは彼女のために、その苦境を吹っとばす華やかな再起の堤を作ってやろうと決心した。それは敗戦の悲嘆に沈むわれわれ日本人の明日への力強い活力につながるかも知れない。何か明るいものを、心の浮き立つようなもの、楽しい歌…。」（「ぼくの音楽人生」）

それが服部の動機だった。そして「東京ブギウギ」が生れた。

「せんせ、たのまっせ」と言われて、

「よっしゃあ」と勢いよく返事したもののなかなか曲想が浮んで来なかった。

「そうだ。ブギだ」とまず思いつく。服部は昭和十七年頃、上海でブギのリズムに出会い、早速、ブギを使って歌を書いて見た。しかしジャズ禁止の時代で発表される事もなく、捨てられた。

昭和二十二年夏だった。今こそ、ブギウギを世に問う時だ。服部は強く思った。

その日はコロムビア本社で「胸の振子」(服部の曲)を吹き込んでいた。歌ったのは霧島昇だ。霧島の甘い歌声に服部は満足して、帰途についた。

夜も更けていた。終電間近い中央線は満員だった。勤め人や復員兵、買出し帰りの男女などで車内はむせ返るようだった。

戦後、まだ二年しか経っていないのだ。その人いきれの中で、服部はつり皮につかまって、疲れた体を電車の振動にゆだねていた。

その時だった。レールをきざむ電車の振動《しんどう》が並んだつり皮の揺《ゆ》れにかぶさるようにして、八拍子のリズムとなった。

電車が西荻窪に停《とま》るやいなや服部は駅を飛び出した。浮んだメロディーを忘れないうちにメモしておきたい。駅前の喫茶「こけし屋」に飛び込んだ。ナフキンをもらって夢中で〝おたまじゃくし〟を書きつけた。

こうして「東京ブギウギ」は生れた。曲も出来たし、題名もついた。ただ歌詞が出来ない。

この時、服部は新人の鈴木勝を起用する事にした。鈴木勝は仏教哲学者の鈴木大拙《だいせつ》の子息で、服部とは上海で知り会った。文学青年の鈴木に作詞を依頼したのは彼の若々しい新鮮な感性を期待したからだ。

曲はすでに出来ている。鈴木のフレッシュな言葉だけが待たれた。

東京ブギウギ　リズムうきうき
心ずきずき　わくわく

海を渡りひびくは東京ブギウギ
ブギのおどりは　世界の踊り
二人の夢のあの歌
口笛吹こう　恋とブギのメロディー
燃ゆる心の歌　甘い恋の歌声に
君と踊ろうよ　今宵も月の下で
東京ブギウギ　リズムうきうき
心ずきずき　わくわく
世紀の歌　心の歌
東京ブギウギ　ヘィー

昭和二十二年九月十日「東京ブギウギ」はレコーディングされた。

録音の日、コロムビアのスタジオに思いがけないのたくさんの客があった。近くの米軍のクラブから大勢の兵士達がなだれ込んで来たのだ。英語の達者な鈴木勝が宣伝したのだった。

「おれの作詞した『東京ブギウギ』を吹き込むんだよ」と宣伝すると「へえ、日本人がブギを歌うなんて面白い」と兵士たちはビールやコーラを片手にスタジオに入って来た。

「どうしたものか」と担当者はあわてた。

占領時代なのだから、米兵達を追い出す訳にも行かない。吹き込みは静かな所でするべきなのだ。

しかし服部は言った。「ようし、このままやりましょう」と。米兵達は音一つ立てず、笠置の歌を見つめていた。実にマナーを心得ていた。

終わって「O・K」のランプがつくと兵士達は「ヤッホー」と歓声を上げた。そして「東京ブギウギ」と歌い出した。

「日本のブギ、素晴しい！」と口々に言う。服部は自分のブギが米国人に通じた事がうれしかった。吹き込みは臨場感の溢れた熱気あふれたライブ録音となった。

その後は、スタジオはパーティ会場となってビールやウイスキーやお菓子が運び込まれて、「心ずきずき」の時間をすごした。

こうしてレコードは出来たが、レコード発売までは半年かかる。その時間を利用して、シヅ子はチャンスあるたびに歌って歩いた。大阪の梅田劇場で歌ったのが最初だった。手答えは充分だった。まず大阪から火がついた。時流に乗りやすい大阪人がまず飛びついてくれた。シヅ子はうめが死んでしまったのが残念だった。

「母ちゃん、聞いとくれ。シヅ子の新しい歌だよ」胸の中で叫んでいた。

一月のレコード発売に合わせて、東宝映画「春の饗宴」に笠置シヅ子が特別出演して「東京ブギウギ」を歌った。

こうしてレコード発売前に「東京ブギウギ」は人々の間で歌われていく。

三月、日劇で「東京ブギウギ」のショーが開かれた。観客は一週間で七万人を数えた。

これは戦前、李香蘭が昭和十六年に一週間で十万人の観客を集めた記録につぐもので、以後、笠置の記録を越す者はなかった。

シヅ子は仕合せだった。愛する人を失い、腹に残されたエイ子と共に生きていた。

服部のおかげで、すばらしい曲を与えられ、それが人々に気持良く受け入れられた。

シヅ子が何よりうれしかったのはパンパンと呼ばれる夜の女達が押しよせて、シヅ子を応援してくれた事だった。

「赤ん坊抱えて、懸命に歌っている。ダンナを亡くして、一生懸命歌ってる、踊ってる。わたしらと同じだよ」

逆境に生きる女達がシヅ子のブギにはげまされたというのだ。

もともと、ブギのリズムは黒人達が逆境の中でも世を恨まず強く明るく生きて行こうというリズムだったのだ。

日劇のステージのかぶりつきに、彼女達は毎夜、やって来て応援してくれる。

ラクチョウ(有楽町)のお米姐《よねねえ》さんがリーダーだった。「がんばれ、かさぎ」と大声でどなる。シヅ子はうれしかった。服部もうれしかった。ブギは大成功だった。

シヅ子の舞台を盛り上げてくれる彼女達がシヅ子に会いたいと言えば、どこへでも行った。行って彼女達のグチを聞いた。

「元気出しなはれ」「くよくよしなさんな」シヅ子は心から彼女達を応援した。

「東京ブギウギ」が世に出た同じ年、昭和二十三年、シヅ子は東宝映画「酔いどれ天使」(黒沢明監督、三船敏郎主演)に出演し「ジャングル・ブギー」を歌った。「ジャングル・ブギー」は作詞黒沢明、作曲服部良一だった。

ウワーオ　ワオワオ　ウワーオ　ウオワオ
わたしは雌豹だ　南の海は
火を吹く山の　ウワーオ　ワオワオ　生れだ
月の赤い夜に　ジャングルで　ジャングルで
骨のとけるような恋をした
ワアーアアー　ワアーアアー

映画の中でも笠置は野獣のように歌い踊った。劇場でこれを歌う時は観客が「ワーオワオワオ」と唱和した。歌に参加出来る事から人気が出て、劇場では盛り上った。
「買い物ブギ」は大阪出身の服部が自ら詩を書き曲をつけた。

今日は朝から　私のお家は
てんやわんやの大さわぎ

盆と正月　一緒に来たよな
てんてこまいの忙しさ
何が何だか　さっぱりわからず
どれがどれやらさっぱりわからず
何もきかずにとんでは来たけど
何を買うやら　どこで買うやら
それがごっちゃになりまして
わてほんまに　よう言わんわ
わてほんまに　よう言わんわ
……
おっさん　おっさん　これなんぼ
わしゃ　つんぼで　きこえまへん

シヅ子は割烹着《かっぽうぎ》を着て、買い物カゴをぶら下げて現れる。おまけに下駄をはいている。この下駄でタップを踊るのだが勢い余って、下駄は半分に割れてしまった事も数回だった。

コミカルに大阪のおばはんを演じる笠置の舞台は魅力的だった。「おっさん　おっさん」や「わてほんまに　よう言わんわ」などがこの年の流行語になった。

昭和二十四年、日劇の「ホームラン・ショー」でも「ホームラン・ブギ」を歌って、勢い余って舞台から落ちた事もあった。

笠置シヅ子はいつも、手を抜かない。精いっぱい踊りまくり、歌いまくる。

服部はそんな笠置を見て、「これほどまでにショーマンシップに徹した芸人を見た事がない。芸魂の人と言うべきだろう」と言っている。

大きな口を開けて豪快に笑う。シヅ子の全魂が人々を魅了する。浮世の憂さを忘れさせてくれる。シヅ子は人を喜ばす事が出来た。

それで充分だ。

エイ子はやっと二才。手がかかる。育児と舞台をこなすシヅ子に「大変ですネ」と人々は言う。

「わて、両方好きでおます」とケロッと言うシヅ子だった。

こうして「東京ブギウギ」は笠置シヅ子を仕合せにしてくれた。

それと同時にこんな幸運もあった。

昭和二十四年、新聞はその年の高額納税者の発表を行なった。一位は作家の吉川英治　二百五十万円。二位が笠置シヅ子　二百万円だった。

いつの間にかシヅ子は大金持になってしまった。

ブギのブームはその後もしばらく続いた。「さくらブギ」「ヘイヘイブギ」「ブギウギ娘」「大阪ブギウギ」などが次々発表され、そのどれもがヒットした。全部で三十曲もある。

笠置シヅ子は「ブギの女王」と呼ばれるようになる。作曲者の服部良一にとってもブギの時代は出すもの出すものヒットするというラッキーな時代だった。

服部は「青い山脈」（西条八十作詞　藤山一郎歌）「丘は花ざかり」（西条八十作詞　藤山一郎歌）そして「銀座カンカン娘」（佐伯孝夫作詞　高峰秀子歌）などのヒットが続いた。

笠置シヅ子と同様に戦時中の冬の時代の後の溢れるような幸運の時を服部良一も迎えていた。

「銀座カンカン娘」は底抜けに明るい歌で東京には夜の女ばかりではないカラッとした明るい屈託のない元気な女の子もいるのだと、高峰秀子がみごとに演じた。

「銀座カンカン娘」は映画化もされ、笠置シヅ子も出演している。戦後のうらぶれに哀しい町、東京を明るい「カンカン娘」は流れて行った。

三番の「カルピス飲んで、カンカン娘」は、カルピスという飲み物をすっかり有名にし、売り上げに貢献《こうけん》したとかで服部の家にはたくさんのカルピスが送られて来たと、服部は笑っている。

ブギの時代もしばらく続いて、服部にもシヅ子にも幸福な時間がすぎた。

第九章
喜劇王　エノケン

シヅ子が「東京ブギウギ」で大ブレイクする前年だった。まだ頴右の死にも会っておらず、エイ子も腹の中だった。

昭和二十二年二月下旬のことだ。

天下の名優、浅草オペラで名を上げたエノケンがシヅ子に逢いたいと言って来たのだ。

飛び上るほど喜んで、シヅ子は指定された日比谷の有楽座に向かった。そこの稽古場に急いだ。冬の風が冷く吹く日だったがシヅ子の心ははずんでいた。

有楽座三月公演「舞台はまわる」にエノケンの相手役として選ば

れたのだった。レビュー上りのシヅ子は本当の芝居というものが分からない。

これまで自己流でやって来たが、果たしてエノケンのような大物に通用するだろうか。エノケンの相手なんか出来るだろうかと不安だった。

そんなシヅ子にエノケンは言った。

「君は歌手だから芝居のツボがはずれる。でもそこが面白い。どんなにツボをはずしても、ボクがどこからでも受けてやるから、はずしたまま突込んで来い」と。

言われるままにシヅ子は自分の素のままで芝居をした。エノケンが上手に受けてくれる。こうして絶妙のコンビが生まれた。

エノケンはシヅ子がまだ秘めていた魅力を見つけ出して、相手役に選んでくれたのだった。

シヅ子は野蛮でまっすぐで、当りかまわず自身の弱身をさらけ出して芝居する。

それが実に面白い。エノケンの着眼はみごとに当った。舞台は大成功だった。客に大受けだった。観客の心に届く事こそ、成功なのだ。

こうして、「エノケン・笠置」の時代は始まった。シヅ子は楽しくて仕方がない。

天下の大物の相手をしながら、お客を喜ばせる事が出来る。これほどの喜びがあるだろうか。

エノケンの方にしてもシヅ子と組んだ事はプラスだった。

エノケンは戦前「エノケン・ロッパ時代」という黄金期を築いた。

しかしエノケンとロッパはコンビを組んだ訳ではない。

同じ頃活躍した二人が対称的だったので「下町のエノケン、丸の内のロッパ」と呼ばれ、喜劇ファンを二分させて、大いに流行った。

二人の黄金時代だった。

ロッパは男爵の六男という貴族の出、早稲田大学を卒業していた。

もともと作家志望で雑誌経営などするが失敗、喜劇役者に転向、映画出演なども多く、その上、なかなかの美声で本格的に声楽も学んでいた。

一方、売れていたエノケンは根っからの庶民《しょみん》の出、浅草をうろついていた不良少年だった。まさに対称的な二人だった。

エノケン・ロッパと呼ばれたが、二人は実はライバル同志だった。ロッパは笠置シヅ子が嫌いだった。「笠置は声が悪い。歌がひどい」と日記に書いている。「しかし笠置は人間は良い」とも書く。

シヅ子はロッパに礼を尽くし、「ロッパ先生」と敬《うやま》った。それが気に入ったらしい。

しかし、エノケンが笠置と組んで舞台を立ち上げた時、「二人は組んで大入りだそうだが、自分は一人でいっぱいにして見せる」と日記に書いたが、ロッパひとりで大入りになる事はなかった。

当時、演劇評論家の伊藤寿二はこう書いている。

「エノケンだけでも面白い。笠置シヅ子がひとりで歌っても楽しい。ましてニ人が一緒に出ればよけい面白い」と。

有楽座の二人の舞台は連日、満員となっていた。機をのがさずエノケンは二人で組んで映画に出た。

「エノケン・笠置の……」を頭につけた映画がたくさん出来た。「エノケン・笠置のびっくりしゃっくり時代」「エノケン・笠置のお染久松」「エノケン・笠置の極楽夫婦」と数限りない。

地方の小さな村々では映画は身近な娯楽だった。映画を通して、エノケン・笠置の顔を知る事が出来た。

村はずれの空地に堀立小屋が建って、それが映画館だった。少し古いフィルムを安価に見られる。冬でも暖房なんてないから、ザブトンを抱えて、みんな映画館に行った。そこで村人は笠置とエノケンを知るのだった。

当時、村の小学校には各クラスに必らず、エノケン・笠置と呼ばれる人気の生徒がいた。「一組のエノケンは最高だ」などと言ったものだ。

本物のエノケン・笠置は舞台も映画も大当りで、シヅ子はブギウギのヒットと相まって、昭和二十四年の高額納税者となったと考えられる。この年、シヅ子三十四才、娘のエイ子はまだ三才だった。娘の将来のために、片親の寂しさを感じさせないために、シヅ子は必死だった。

翌二十五年一月、エノケン・笠置で有楽座の「ブギウギ百貨店」「天保六花撰」を打ち上げた。相変らずの前評判でチケットは売り切れが続いた。「よかったネ」と二人は喜び合った。

しかし、この舞台の最中、エノケンが足の劇痛を訴えて入院、脱疽《だっそ》と診断された。脱疽とは組織の一部が壊死《えし》して脱落する病だった。舞台で「孫悟空」を演じた際に左足の上に如意棒を落した事が原因だった。

その上に多忙なエノケンは食生活がメチャクチャでご飯を食べず、酒を飲んだ。

シヅ子はそんなエノケンを見て、「せんせ、ちゃんとご飯を食べなはれ」といつも言った。「サヨカ」とエノケンは言っても決して改めない。「困ったせんせや」とシヅ子はためいきをつく。

そんな食生活が禍《わざわ》いして、ちょっとしたケガが脱疽をおこしてしまうのだ。

一日も早く舞台にもどりたいエノケンはベットの上でも気がもめる。しばらく療養し、再び元気な姿で舞台に現われ、観客を喜ばせた。

エノケンは寂しがり屋で小さな子どもや動物をこよなく愛する男だった。エイ子の事も可愛がってくれた。シヅ子の家に来て、エイ子と遊んでくれた。エノケンは子どもを遊ばせると言うよりは、自分が子供に遊んでもらっているようでもあった。

エノケンの家にエイ子を連れて行って、遊ぶ時もあった。そんなエノケンにシヅ子は口で表せないほど感謝していた。「ずっとエイ子を可愛いがって欲しい」とシヅ子は思っていた。

ところがエノケンの病は再発する。昭和二十五年秋だった。その日エノケンは広島へ巡業に向かっていた。今度は右足だった。広島での出演を断念して、東京に帰る。病院に入院したエノケンは右足指を切断する。

広島での公演は無理だった。笠置シヅ子を代役に立てて、公演は打ち切りにならなかった。自分の代理は笠置しかいない。笠置はその役を引き受けてくれるとエノケンは信じていた。

シヅ子にして見れば、今こそ、エノケン先生に恩返しをする時！と心に決めて、自分の予定を全部断っても広島に飛んだ。

その後、エノケンは左足指を失ったが小康を得た。やれやれと思う間もなく大切にしていた長男（二十六才）を失う。結核だった。その上、妻と離婚。不幸が一気に押しよせるとエノケンは自殺を何回か試みた。

そのつど救われるが、昭和三十七年、ついに右脚を大腿骨から切断をし、片足になってしまった。これではいくらエノケンでも舞台に立つ事は出来ない。

そんな失意の時であった。来日中のアメリカの喜劇王ハロルド・ロイドが見舞ってくれた。

ハロルドは、

「私も撮影中の事故で指を失くした。ハリウッドには片足を失くして義足で頑張っている俳優もいる。次に日本に来る時にはあなたが舞台や映画でふたたび活躍している事を信ずる」

と言った。

その後、エノケンは精巧な義足を得て、舞台、映画に復帰した。義足に仕掛けをして、義足で笑いを取るという事もやった。最後まで喜劇王であった。晩年、自らのエノケン劇場を失ったり不幸の連続だったが、エノケンは言った。

「不幸のどん底、哀しみのまんまん中を通った者だけが本当の喜劇を演ずる事が出来るのだ」と。「大悲劇こそ大喜劇」とも言った。

始まったばかりのテレビにも積極的に出演し、ドラマやコマーシャルなどで活躍した。

しかし、昭和四十五年、体調をくずし緊急入院し、三日後に死去する。肝硬変だった。六十五才のエノケンは去って行った。

最後に「ドラが鳴っているよ、早く行かなきゃ」と大声で言って、去って行った。

シヅ子は泣きながら「せんせ、舞台に急ぎはった」と言った。

シヅ子は短い期間だったが、エノケンに見い出され、芝居というものを一から教えられた事を宝物のように思った。

「今頃は、せんせ、あの世でも舞台を走りまわっておられるだろう。せんせ、ありがとうございました」と涙するのだった。

第十章
美空ひばり

シヅ子の黄金時代、何ひとつ不足はなかったが、恋する人との別れという哀しみからもようやく立ち直ろうとしていた頃、シヅ子の身にやっかいな事が持ち上った。

天才少女歌手、美空ひばりの出現である。ひばりはシヅ子の「セコハン娘」を上手に歌って注目を浴びた。

彼女は生れながらの天才歌手で誰もが舌をまくうまさだったが、まだ小学五年生、子どもだ。

子どもが大人の歌を歌う事に嫌悪を感じた識者たちは誰も彼女を認めなかった。なかなか世に出られなかった。ひばりはもともと、情感たっぷりに歌うのが得意だったが、その時代を席巻していたのが笠置のブギだった。

一日も早く世に出たいひばりと母親の喜美枝もブギに飛びついた。ひばりはみごとにブギを歌った。

〝大ブギ、小ブギ〟と言われ、新しいブギの女王の誕生を世の人は面白がった。

笠置シヅ子にも服部良一にも一言のあいさつもなかった。

そして、昭和二十五年、そのひばり一行と、服部・笠置一行が時を同じくして、渡米する事になったのだ。

渡米はこの頃、一大ブームで、田中絹代の渡米以来、名のある芸能人、代議士、知識人らが競って、アメリカに行った。アメリカで何をするでもなく、とにかく〝行く〟事が目的だった。

占領下の日本ではとにかくアメリカに行って来る事で箔がついた。アメリカに行く事を〝アメション〟などと皮肉った。ただアメリカに小便をしに行くといった比喩である。

服部と笠置が渡米する一ヶ月前に美空ひばり一行が旅立つ事になった。

「日系二世部隊　第百大隊記念塔建設基金募集興行」という立派な目標をかかげての旅であったが、ひばりにはまだ持ち歌がそんなに多くなかった。

ひばりは「笠置のブギを歌いたい」と言って来た。本人より先にアメリカに行ってブギを歌えば、笠置がマネをしたことになる。許せなかった。服部は「ノー」と言った。

これに対し、シヅ子はブギの女王の座をほしいままにして、「幼いひばりをいじめる悪い女」と人々は言った。

人と争うことを嫌い、どちらかと言えば自分が我慢するたちのシヅ子が思いがけず悪者にさせられた。

「わてよりうまく歌わんといて」などシヅ子が言ったこともない話

が世間に広まった。

シヅ子はただ哀しかった。自分がヒトをいじめる側に立たされてしまった事がつらかった。

ひばりの母喜美枝は敏腕のマネージャーだった。実にしたたかである。このブギウギ騒動も話題作りに利用して、ひばりの名を広めたい思惑もあった。

サトウハチローが新聞のコラムに「ひばりはゲテ者である」と書いた事を根に持って、その新聞の切り抜きを帯にはさんで、見返してやる日を夢見たと伝えられる。

それほど娘の成功に命がけだったのだろう。

当時天下一、流行っていた笠置シヅ子を悪者にしてスターの座から引き下ろそうとしていたのだ。

ひばり一行が渡米をする前年、昭和二十四年秋、ひばりは映画「悲しき口笛」に主演、主題歌を歌って早くもブレイクしていた。

これは雑誌「平凡」に原作が掲載《けいさい》され松竹が映画化し、主題歌はコロムビアから発売された。

一つの曲に映画会社など複数の会社が参加する事をタイアップと言った。現在のメディア・ミックスである。美空ひばりはそのタイアップの主役であった。

一人の戦災孤児の女の子がたった一人で、生きているかも知れない兄をさがして、毎夜キャバレーで兄の作曲した「悲しき口笛」を歌っている。兄は作曲家志望でこの歌を残して戦地に旅立ったのだ。最後に復員兵の兄が自分の歌を歌っている少女にめぐり逢うと言うストーリーだった。

戦争直後、日本中に十四万人いたと言う戦災孤児達がこのストーリーを知った。

自分達、戦災孤児を演じてくれるひばりがあまりにも真に迫っていたので「ひばりさんあなたはホントは孤児なのではありませんか。

それでそんなに私達の気持が分るのでしょう」と手紙を書いた。

昭和二十四年、戦争が終って四年しか経《た》っていなかった。立ち直って行く新しい街でやっぱり孤児達は寂しかった。

「ブギウギ」を歌ってもまだ癒《いや》されなかった。家族を失った哀しみを抱いた大人もひばりの声に励まされた。

「丘のホテルの赤い灯を」と歌う「悲しき口笛」になぐさめられた。歌も大ヒットだった。この一曲、ただ一曲だけでもひばりは立派な歌手だった。

シヅ子を悪者にしてまでのし上がる必要はなかったはずだ。

この一曲を聞いただけでシヅ子は「こりゃかなわんわ」と思いこの子の時代はやがて来るだろう。そしてブギの終焉《しゅうえん》の時もやがて来るだろう。

「もう存分に歌わせてもらった。ひばりちゃん、あんたにバトンタッチだよ」

シヅ子とエイ子、そして大阪から再び来ていた養父音吉は世田谷弦巻町の新しい家に引っ越した。昭和二十六年正月だった。

シヅ子は頴右と所帯を持った頃から、自分の家が欲しかった。間借りや借り家の日々。「落着ける自分の家が欲しい」とずっと思っていた。

思いがけずブギのヒットで大金が入った時、まず家の事を考えた。

当時、芸能人の豪邸建設が続いていた。しかし、シヅ子の作った家はすっきりした平屋でセンスのあるものだった。

世の人は「カセギスルコ」とか「笠置に追いつく貧乏なし」などとシヅ子の成功をねたんだりしたが、完成した笠置邸に招かれた客人達にとって意外な家だった。

芸能人達の豪邸とは異《ことな》っていた。慎《つつ》ましいがセンスの光った彼女の新宅に皆好感を持った。

「頴右はん、見とくれよ。わたしらの家が出来たんだよ」

広い庭が自慢だった。

「ここに花を植えよう。頴右はんも喜んでくれるだろう」

六月、エイ子は四才になった。その誕生祝いを出来て間もない新しい家でガーデン・パーティとして開いた。二百人もの招待客があり、庭いっぱいにおでん、そば、すしなどの出店が出来てにぎわった。

あのラクチョウのお米ねえさん達も招かれていた。笠置とコンビを組んでいたエノケンもロッパも招かれた。エノケンはラク町のねえさん達とすっかり仲よくなり、大騒ぎだった。

当の主役、エイ子ちゃんがかすんでしまう程のにぎわいだった。

またシヅ子は天の頴右に伝えた。

「見てくれましたか。あなたのエイ子がこんなに大きくなって、たくさんの人に祝ってもらったんですよ」

心底シヅ子はこの家が気に入って、三十六才で入居してから死の日までこの家で生きた。

シヅ子がこの家に移った年、昭和二十六年九月、日本はサンフランシスコ平和条約を結び、独立国となった。

東大の南原先生が主張する全面講和ではなかったが、それでも六年八ヶ月の占領時代の終焉はうれしく、国民は解放感に浸っていた。

そして、歌の世界では美空ひばりが群を抜いて一位を誇っていた。

シヅ子とひばりはＮＨＫの番組スタッフの手で「和解会見」が行なわれ、ＮＨＫの人気番組「歌の明星」で二人が共にそれぞれの歌を歌い合い、なごやかな時が流れた。

ひばり側のマネージャーは服部を訪ねて、これまでの行きさつについて謝罪した。服部はこれを受けとめ、全てを水に流す事にした。

それでも服部は生涯ひばりのために歌を書かなかった。

占領を終えて、ホッと息をつく街々にひばりの歌が流れて行った。「あの丘越えて」「越後師獅子の歌」「リンゴ追分」など主題歌も映画も大ヒットだった。ひばりは才能豊かに映画の中でもみなしごの哀しみを演じて観衆の涙をさそった。

日本独特の情愛をテーマにしてみごとだった。

ふたたびシヅ子はつぶやいた。

「こりゃあ、負けたわ」

占領時代は笑い飛ばし、歌いとばすブギで人々を慰めたが、占領が終って見れば人々は失ったものを思って涙した。

ブギの時代の終焉をシヅ子は思った。

昭和三十一年、経済白書は「もはや戦後ではない」と発表した。

それを聞いてシヅ子は小さく言った。

「もはや、ブギではない」か…。

あの天才少女、美空ひばりの天下だった。昭和三十年、ひばりは江利チエミ、雪村いずみと組んで「三人娘」と呼ばれた。

映画「ジャンケン娘」はよく出来ていた。ジャンケンはグーパーチョキ、誰もが勝ったり負けたり平等だ。

三人の天才少女達はライバルとなって互いを立て合った。幼い時から芸能界に入って、学校に行く時間もなかった孤独な彼女達は三人で修学旅行のシーンを撮る時など本気で楽しんだ。本人達が本気で喜んでいるので見る方も楽しい。映画は大成功であった。それぞれの個性が相手の個性を引き立てている。

「新しい時代やなあ」シヅ子はまたためいきをついた。

昭和三十一年十二月三十一日、第七回NHK紅白歌合戦で、シヅ子は大トリ。「ヘイヘイブギー」を歌った。これが笠置シヅ子の歌いおさめになった。

第十一章　歌手廃業

最後の紅白出演の年明け、シヅ子は歌手廃業を公表した。
「もう充分だ。頂点は見た。このまま先細りになるよりは自分から
やめよう。あの栄光の日を自ら汚す事はない」
実にシヅ子は潔《いさぎよ》かった。
「あの輝やいていた日々を自分で汚す事はない」
あの日々、シヅ子が「ヘーイ」と歌えば会場は湧き立ち「ヘーイ」
と返って来る。観客と一体になって、人生の喜びを歌った。ほえた。
人生の哀しみをなげいた。
あの喜びの日の記憶をそのまま残したい。

それを自分の手で汚す事は出来ない。

歌手活動と同時にシヅ子は舞台活動もやめた。昭和三十年一月日劇「ゴールデン・パレード」、三月「たよりにしてまっせ」の舞台を最後に舞台活動を停止した。

ブギの女王、笠置シヅ子は堂々と舞台を去って行く。シヅ子は今後女優業に専念したいと言った。

昭和三十二年、シヅ子は四十二才であった。シヅ子はこの時、出来るものなら全ての芸能活動をやめてしまいたかった。その方が潔い生き方ではないかと思うところもあった。

それが出来なかったのはシヅ子はまだ働かなければならなかったのだ。娘や老父、たくさんの使用人のためにシヅ子は収入を得なければならなかった。

喜劇女優として生きる。シヅ子はいつも前向きだった。新しい自分を生き直す。

エノケンが教えてくれた芝居の極意を生かして開局したばかりのテレビの中で活躍して見たかった。歌手廃業は終りではない。新しく生き返すのだ。

そこでシヅ子は映画会社やテレビ局をまわってあいさつした。「これまでの歌手、笠置シヅ子の高いギャラはいりまへん、これからは新人女優として安く使っておくんなはれ」

と頼んで歩いた。「ギャラを下げて」と頼む芸能人はどこにいるだろう。前代未聞であった。

と同時にこれまで名乗っていた笠置シヅ子を返上して笠置シズ子を名乗る事にした。

「笠置さんはずるい、目先を利かせてうまいこと看板塗り替えたわネ」と仲間達は言ったそうだ。

看板塗りかえ、最初の仕事はＴＢＳテレビの「雨だれ母さん」の母さん役だった。このドラマの収録の際、思いがけない客人があっシヅ子の亡父三谷陳平と郷里四国の引田で友人であった南原はシヅ子の芸能生活を常に応援してくれていた。南原繁であった。

シヅ子が招いたのか、南原が好奇心から見学をのぞんだのか定かではない。

いずれにしても、南原はこの見学がよほど楽しかったらしく、その一部始終を家族に語ったそうだ。

歌手を廃業しても生き生きと新しい仕事をしている姿を見てもらえたことはシズ子もうれしかった。

南原は二期目の東大総長を任期満了で退任して、著作や講演などで多忙な日を送っていた。

日本国独立の際、全面講和論を掲げた事で吉田茂から「曲学阿世の徒」と批判された。「曲学阿世」は流行語になり世に広まった。南原繁は有名人だった。

そんな南原がシズ子の心配をしてくれる。歌手廃業の件も相談したのだろう。父が娘の心配をするように南原は三谷陳平の代わりのつもりでシズ子を見守ってくれた。

シズ子もまた亡き実父のおもかげを南原に求めていた。

シズ子の後援会が出来た時、南原は後援会長を引き受けてくれた。会員には高峰秀子を始めとして、著名人の名がつらなっていた。

ひばりの後援会はこの二ヶ月後に発足した。こちらは町の印刷屋さんが会長であった。

ひばりの母はこの時こう言った。

「後援会というのはあくまでファンの集まりじゃなければならない。名前ばかりの人を頭に持ってきて世間体を飾るような事はしたくない」

と笠置シズ子への当てつけを言った。

南原とシズ子の深い関わりを知らなかったのだろう。

シズ子を敵対視しなくてもひばりは実力で世に出て行ったのに……。

シズ子が「私の時代は終った」と言ってさっさと舞台を下りた事を知って、高峰秀子はためいきをついた。

「なんとみごとな幕引きだろう。私も真似しよう」

と言って昭和五十四年に惜しまれつつ自分も引退してしまった。

高峰は生涯、笠置の気っぷを愛した。

しかしただ一人、シズ子の歌手引退を怒っていた人がいた。恩師の服部良一だ。

服部はシズ子が自分に何の相談もせずに、引退を決めた事を怒っていた。

作曲家は歌手に自分の曲を表現してもらわなくてはならない。歌手にとって作曲家は自分の歌を作ってくれる大切な人だ。

服部とシズ子は表裏一体、たくさん歌を作って来た。ブギを生み出す事で世間に認められ、共に黄金期を体験したのだ。

それをなに一つ相談せず、自分一人で決めてさっさと引退してしまった。怒っていた。

シズ子はなぜ服部に相談しなかったのだろう。あれほど服部を頼りにして、やって来たのに。シズ子は服部先生の顔を見たら決心がにぶる。やめられなくなってしまう。

だから相談しなかったのだ。

「かんにんしておくれやす。せんせ」

シズ子はこうとしか生きられなかったのだ。

シズ子は今日もテレビ局に走って行く。テレビCM（カネヨ石鹸の台所用クレンザー「カネヨン」）や人気番組「家族そろって歌合戦」の審査員などもつとめた。

「家族そろって…」では落選した人々に「元気出しなはれ」「またおいでなさい」と声をかけるので有名になる。ここでもやさしく暖い近所のオバハンだった。

映画でも主役ばかりではなく、どんな脇役もいとわず出演した。どんな役も手を抜かなかった。皆が楽しくなるような、生きている事に喜びが感じられるような思いをこめて演じ続けた。

昭和四十二年、服部良一、六十才となる。「還暦記念コンサート」に招かれてシズ子は何年振りかで「東京ブギウギ」を歌った。服部の怒りはとけたのだろうか。

シズ子が人前で歌った最後である。以後は鼻歌さえ歌わなかった。服部良一はすでに二千曲を完成させ、そのどれもが人の心に熱く受けとめられていた。

その後も音楽活動を休む事なく続け、それは平成五年八十五才で死去する日まで続いた。

振り返っても「別れのブルース」「蘇州夜曲」「夜のプラットホーム」「一杯のコーヒーから」「湖畔の宿」「東京ブギウギ」「胸の振子」

「セコハン娘」「銀座カンカン娘」「青い山脈」と枚挙のいとまもない。

そして、どの歌も今なお歌いつがれている。大阪の下町で「少年音楽隊」からスタートした服部良一が日本一のヒットメーカーになった。

笠置シズ子との蜜月のような師弟関係もこの人の生涯を輝やかせるものだった。

その笠置がいさぎよく「ブギ」を封印してしまった。怒りながら服部は笑った。

「それも良いかも知れない。いかにも彼女らしい」

と、服部自身も「ブギ」を封印する事にした。そして新しく生き直そう。

シズ子のさわやかな生き方が服部には分かった。そして一層、作曲の道にはげんだ。

「メッテル先生、ハットリは死ぬまで頑張りますよ」

と叫びながら、前へ前へと進んだ。

シズ子は相変らず地味な活動を続けていた。

「あんたは素のままで良い」

とエノケンに言ってもらった言葉も忘れなかった。

テレビを通しての新しい笠置ファンも増え続けていた。「さわやかな大阪のオバハン」それがシズ子の新しい呼び名だった。

オバハンが画面にあらわれるだけで、ポッと灯がともるような明るさをみつけるのだった。

仕事がなくて、晴れている日は庭に花を植えて楽しんだ。そんな時が一番仕合せだった。

自分の家があって、広い庭があって、仕事に追われる事もない。「何と良いんだろう。」シズ子はつぶやく。

エイ子も良い娘に育った。小さい時は有名人の娘故にエイ子に恐い思いをさせてしまった事がある。

金に困った犯人がエイ子を誘拐して、大金をゆすって来たのだ。シズ子のマネージャーが要求通り指定場所で金を渡そうとした時、街頭テレビを見ているふりをしていた刑事らが取りおさえ、エイ子は元気にもどって来た。

エイ子に危害はなかったが、シズ子の心労は大変なものだった。エイ子はまだ六才、小学校の一年生だった。

それまでシズ子は平気で雑誌のグラビヤなどに自分の住いや娘を披露《ひろう》していた。そんな時エイ子と共に写るシズ子は仕合せそうな顔をしていた。

「皆見てくれ。私の生んだ子がこんなに大きくなったんだよ」

と自慢がしたかったのだ。

しかしこの事件の後、一切エイ子を世間にさらす事はしなくなった。自家用車で学校に送り迎えする事もしなくなった。

普通の子ども同様、徒歩で学校に通わせた。

特別な子ではなく、ごく普通の子としてエイ子を育てた。ただ、父親のないエイ子が不憫《ふびん》で父親の分までエイ子を可愛いがった。服部良一やエノケン等にエイ子を可愛がってもらって、男親の味も与えてもらった。

エイ子はスクスクと成長し、シズ子の相談相手、話相手になってくれる。ありがたい事だ。「わてにはもったいない程だ」としみじみ思う。

激動の一生の果てに仕合せな時があった。

そんな折、有楽町のあの日劇が閉館する事になった。昭和五十六年の事だ。八十五年の歴史に幕が下ろされると言うのだ。「何ちゅうこった」シズ子はためいきをついた。

戦火もまぬがれた日劇は戦後すぐに活動を開始した。戦中、敵性歌手として疎外されていた笠置シズ子や灰田勝彦らが集い、早速ショーを立ち上げた。

それはシズ子らにとって、かちどきの声だった。やっとこの日が来た。焼け残った日劇はシズ子達のこの喜びの声を受けとめてくれた。

実に早い活動開始だった。

その後「東京ブギウギ」がヒットした時は一週間で七万人の入場者を集めた。前にも述べたがこれは戦前の李香蘭の十万人に次ぐ記録となった。その後記録は破られなかった。

シズ子のあの栄光の日を見ていてくれた日劇が消えて行く。

「これも時の流れか」と、シズ子は涙をのんだ。

「サヨナラ日劇フェステバル、あゝ栄光の半世紀」公演は昭和五十六年一月二十八日から二月十五日まで開かれた。

最終日、山口淑子（李香蘭）、長谷川一夫、笠置シズ子がステージで挨拶をした。

シズ子は舞台の上から客席を見ていた。

ラクチョウのねえさん達がかぶりつきでシズ子の歌を聞いていた。「カサギー、ガンバッテ」ねえさん達が叫んでいる。

あの燃えていた喜びの日が目に浮ぶ。なけなしの小銭いで、ネエさん達が花束を届けてくれた。

遠い日の事を思いながら、最後のステージにシズ子は立っていた。日劇の終焉《しゅうえん》を惜しみ、昔この舞台で客を沸《わ》かせた三人のスターの姿を見て観客の拍手はなかなか鳴りやまなかった。

日劇と別れを告げた後のことだ。シズ子は乳ガンを発症した。すぐに手術をして、片乳が切り落とされた。

「二つあるもんが一つになるのは変なもんやなあ」と言ってシズ子は笑った。笑いながらシズ子は考えた。父母がいて両親だ。片親にさせてしまったエイ子を可哀想だと思う。

二年後、卵巣ガンを発症。すぐに手術をする。これも完治した。

そして、シズ子は七十才になる。

「笠置シズ子の古希を祝う会」が都内のホテルで開かれた。

「いっちょう、おめかしして行かにゃあ」と張り切って出席した。知人、友人に「古希」を祝われて、ご機嫌で帰って来た。

翌月、再びガンが発見され、入院する。

そして、年が明けて三月三十日夜中、シズ子は旅立った。

「決して誰にも知らせるな」とエイ子にきびしく言って、「エイ子がいてくれたら、それでええ」「一人で生れて来たんや、一人で死んで行くわ」と頑固に言った。

「皆の心にわての歌が残っとったら、それで良い」

とシズ子は笑って死んで行った。

その胸の上には一枚の古い名刺が抱かれていた。汚れた名刺には「吉本頴右」と書かれていた。

初めて逢った日、彼がくれた名刺だった。いつも持っていたのだろう。クシャクシャになっていた。

「頴右はん、あんたの所に行きまっせ。迎えを頼《たの》んまっせ。大分お待たせしましたがやっとあんたのおよめさんになりまっせ」

シズ子はそう言っているように思えた。

「それにしても日劇の時は楽しかった」とも言う。

「本当におしゃべりだこと」エイ子も笑ってシズ子を見送った。

春の盛りの夜更けの事だった。

葬儀は四月五日、喪主亀井エイ子、葬儀委員長は服部良一が務めた。

あとがき

戦争が終った頃、私は田舎の小学校の三年生だった。私達は「東京ブギウギ」が好きだった。

戦争でお父さんを亡くした友達も歌った。哀しかったけど歌っていた。私の父は軍隊から生きて帰って来た。「あんたはお父さんがいるから良い」と言われると、私だけ申し訳ないような気がした。「東京ブギウギ」を歌っていると気持が明るくなって、お腹が空いている事も、モノがない事も忘れて、心が晴れ晴れした。

私達は笠置シヅ子の声も好きだった。私達のような子どもにさえ、笠置シヅ子のやさしさは分かった。

皆がはげまされて、戦後を生きて来た。そんな歌がブギだった。

遠い日のあの歌声をこの拙い本で追いかけてみた。

魅力的な人だった。何とも言えず暖くてやさしくて、好きにならなずにはいられない女性だった。

小柄なのにきっと舞台を踊りまくるときは大きな人に見えたろう。彼女は〝愛〟に満ちていた。

皆に元気をくれた人が、いま立ち上って、私達の方にやって来る。

「元気、出しなはれ。笑いなはれ」

そう言って、哀しい人をはげましてくれる。何とも魅力的な女性だった。

「ブギの女王　笠置シヅ子」をお書きになった砂古口早苗さんに色々教えて頂きました。ありがとうございました。砂古口さんは大変、研究熱心な方でたくさんの取材をなさってこの一冊を書き上げられた。

特に〝時代〟というものを的確にとらえる事が巧みな方で、その時代の中で生きる人々を描いて見せてくれた。心から感謝申し上げます。

同時に、相変わらず出版のお世話をして下さった出版プロデューサーの今井恒雄氏、展望社社長唐澤明義氏にお礼を申し上げます。

新井恵美子

ISBN 978-4-88546-375-4

好評発売中

老いらくの恋

川田順と俊子

新井恵美子

ISBN 978-4-88546-431-7

昭和 19 年 5 月、ふたりは初めて出会った。その日からふたりの心に激しい恋の炎が燃え上がる。ふたりの恋の軌跡を著者はあたたかい筆でたどる！

四六版 上製　定価：1500 円＋税 10%

展望社